아주 작은
습관의 기적

아주 작은 습관의 기적

인생을 바꾸는 작지만 좋은 습관들

김정훈 지음

바이북스
ByBooks

평범한 사람들을 위대하게 만드는
작은 습관의 시작

항상 새해가 되면 우리는 새로운 것을 계획한다. 평소 하고 싶었던 일을 어떻게 할 것인지 고민하고 실천 의지를 다진다. 그것이 건강, 사업, 재테크와 관련된 내용일 수도 있지만 가장 큰 비중을 차지하는 것들은 다이어트, 금연, 어학 공부라고 한다. 대부분 자기계발과 관련된 계획이다.

그런데 새해 목표를 계획한 사람의 90%는 1개월도 안 되어서 포기한다는 내용의 기사를 본 적이 있다. 심지어 그중 50%는 1주일 이내에 포기해버린다고 한다. 도전하고 또 도전하지만 결국 실패로 돌아가 버리는 경우가 대부분이다. '너무 바빠서 시간이 없다'는 이유로. 나 역시 바쁘다는 말을 입에 달고 살며 생활하던 직장인 중 한 사람이었다. 나의 하루는 이런 식이었다.

이른 아침 겨우 몸을 일으켜 헐레벌떡 회사에 도착한다. 그런 다음 커피 한 잔으로 마음을 가다듬자마자 쌓여 있는 일들을 정신없이 쳐내기 시작한다. 점심시간을 보내면서 동료들과 잠시 여유를 즐기고 곧바로 오후 시간을 맞이한다. 퇴근 시간을 기다리면서. 그렇게 맞이한 퇴근 시간. 대부분은 동료들과 갑작스럽게 술 약속이 생긴다. 그렇지 않다면 곧장 집으로 가 저녁을 먹고, 하고 싶었던 일을 하는 둥 마는 둥 끄적거리다가 결국 늦은 밤까지 핸드폰이나 텔레비전을 보면서 하루를 마무리한다.

이런 일상은 거의 매일 반복되었다. 종일 회사에서 일하느라 많은 에너지를 쏟아부었기 때문에 휴식이 간절히 필요했다. 사실 일을 열심히 했느냐 안 했느냐의 문제가 아니라 그냥 휴식이 필요할 뿐이었다. 그런데 여기에 자기계발까지 하게 된다면 얼마나 많은 시간과 에너지를 투여해야 할지 모르는 일이다. 휴식 없는 생활을 상상하기도 싫었다. 그래서 나는 섣불리 자기계발을 시작하지 못했다. 설령 시작한다고 하더라도 중도에 포기해버리는 건 불을 보듯 뻔했다. 항상 바쁘다고 생각했기 때문에.

내 의지력에 문제가 있는 걸까? 정말 자기계발을 할 수 없는 걸까? 자기계발을 해야겠다는 마음은 늘 가지고 있었기 때문에 이를 위해선 무엇이 필요한지 찾아보기로 했다. 그래서 유명한 사람들이 어떻게 성공했는지 책을 통해 유심히 살펴보기로 했다. 성공한 사람들은 나보다 훨씬 바쁠 텐데 어떻게 성공했는지 궁금했다. 또 나와는 무엇이 그렇게 다른지 확인해보고 싶었다. '성공한 사람들을 본보기로 따라 하다 보면 최소한 100분의 1이라도 달라질 수 있겠지.'라는 생각과 함께. 또 순간순간 '내가 어떻게 그 사람들처럼 될 수 있겠어?'라는 의구심이 들긴 했지만 그래도 많은 책을 찾아서 그들의 행보를 따라 해보기 시작했다.

내가 많은 책을 통해 알게 된 점은 성공한 사람들은 한결같이 좋은 습관들을 가지고 있었다는 것이다. 유명인이라고 해서 나와 크게 다른 점은 없어 보였다. 그들 역시 바쁘게 살면서 해야 할 일을 많이 가지고 있었다. 그들에게도 휴식이 필요했고 어쩌면 나보다 더 쉬어야 하는 상황이었다. 그런데 오히려 그들은 '작지만 좋은 습관들'을 오랫동안 실천하면서 지금의 삶을 만들어왔다는 것을 알 수 있었다.

　무엇보다도 많은 유명인이 성공할 수 있었던 작은 습관 중의 하나가 '새벽 기상'이었다. 그들은 항상 새벽에 일어나서 자신만의 루틴을 소화해내고 있었다. 매일 같은 시간에 일어나 운동을 하거나, 책을 읽거나 명상을 했다. 또 이런 것들을 하지 않더라도 새벽에 일어나 자신이 해야 할 일들을 소화해내고 있었다.

　이들의 이야기를 보고 있자니 내 생활이 다시 보였다. 퇴근 후 매일 같이 술을 마시고 늦게 집에 들어가고 아침에 겨우 일어나서 퉁퉁 부은 눈으로 출근하는 일상. 저녁에 술 약속이 없는 날에는 텔레비전이나 보면서 시간을 보내거나, 전날 과음으로 피곤해진 몸을 회복하기 위해 일찍부터 잠을 청한다. 매일 술을 마셨으니 이런 생활은 끊임없이 반복될 수밖에. 그러면 나의 주말은 어떨까. 술 마시는 것 외에 그 흔한 취미 하나 없던 나는 대부분 아이를 돌본다는 핑계로 집에서 뒹굴뒹굴하며 무의미하게 주말을 보냈다.

이런 나의 생활은 성공한 사람들의 그것과는 너무 달랐다. 나는 항상 "바빠서 할 시간이 없다."는 말이나 하면서 해야 할 자기계발은 뒷전이었고 피곤하다는 핑계로 휴식만 취하려고 했다. 그러면서도 마음속에서는 변화를 갈구하고 있었다. 시작은 어떻게든 하지만, 이내 지쳐서 포기하는 상황을 반복하고 있는 것, 그것이 바로 그 사람들과 나의 가장 큰 차이점이었다.

　한 가지 확실한 것은, 우리가 아무리 바쁜 생활을 계속하고 있다 하더라도 아주 작은 습관 한 가지 정도는 실천할 수 있다는 사실이다. 바쁜 외중에도 20분만 일찍 일어나 여러 활동을 해볼 수 있다. 책을 읽거나, 운동도 하고 영어 표현을 외울 수도 있다. 또 일을 마치고 집에서 핸드폰 보는 시간 대신 단 20분이라도 자신을 위해 독서를 한다거나, 하고 싶은 다른 일을 한다면 어떻게 될까? 아무리 바빠도 자투리 시간을 이용하는 건 가능하다. 그렇다고 휴식시간이 줄어드는 건 결코 아니다.

우리는 '작지만 좋은 습관들'에 집중해야 한다. 평소 살면서 바꿔나갔으면 하는 것들을 찾아 실천하는 게 필요하다. 꼭 거창하고 대단한 것을 찾느라 고민하지 않아도 된다. 우리는 '작지만 좋은 습관'을 계속 이어나가기만 하면 된다.

자기계발을 통해 변화를 이루기 위해서 가장 필수적으로 선행되어야 할 것이 바로 '작지만 좋은 습관'이다. 성공한 사람들이라고 해서 특별한 건 없다. 그들은 '작지만 좋은 습관들'을 잘 지키고 있고 변화를 이루었을 뿐이다. 그들은 우리보다 수십 배, 수백 배 더 바쁜 삶을 살고 있음에도 작은 습관을 체화하며 성공을 이루었다.

정말 변화를 원한다면 바쁘다는 핑계를 멈출 때이다.

| 차례 |

프롤로그 평범한 사람들을 위대하게 만드는 작은 습관의 시작   04

Part 1

첫 번째 경험
평범한 중년 아저씨 **열등감을 극복하다**

평범한 중년 아저씨의 삶을 거부하다   16
일단 쓰면서 계획하라   22
실패의 주범은 지긋지긋한 '완벽주의'에 있다   27
씨앗도 심어본 적 없는 사람이 나무를 심을 수 있겠는가   31
중년은 꿈을 가지기에 가장 적절한 시기다   36

Part 2

두 번째 경험

술 좋아하던 김 팀장, **새벽형 인간이 되다**

삶의 가장 위대한 변화는 새벽 기상에서 시작된다   42

못 하는 게 아니라 안 하는 것이다   48

'일찍 자면 일찍 일어난다'는 바보도 아는 법칙   54

새벽 기상에도 준비가 필요하다   61

새벽에 일어나면 비로소 느끼는 것들   66

Part 3

세 번째 경험

영어 앞에만 서면 작아지던 외국계 사원이

해외 출장 1순위가 되다

운은 오래가지 않는다   74

답답한 놈이 우물을 판다   81

자신감이 절반이다   90

영어에는 왕도가 없다! 진짜다!   95

조금만 할 줄 알아도 새로운 기회가 온다   101

Part 4

네 번째 경험
술로 다져진 배불뚝이 40대 아저씨 **몸짱이 되다**

난 뚱뚱했음에도 건강을 자신했다   110

오래 지속할 수 있는 취미를 가져라   115

절대 실패하지 않는 목표를 세우는 법   122

온갖 유혹에 흔들리지 않는 장치, 커뮤니티를 이용하라   128

달콤하면서도 잔잔한 보상을 해주라   134

잡지 속 그 남자가 거울 속에 있다   140

Part 5

다섯 번째 경험
책과 담쌓고 살던 옆집 아저씨 **독서 모임 회장이 되다**

불순한 목적으로 시작하다   148

목적이 분명하지 않으면 마지막 장까지 가는 길이 고행일 뿐   153

수준 높은 책 읽는 것에 집착하지 마라   157

다독의 스트레스에서 벗어나라   161

대충 읽기란 있을 수 없다   166

여럿이 있을 때 효과가 크다   171

Part 6

여섯 번째 경험

월급만이 전부였던 가장, 주말마다 가족과 취미를 즐기는
부자아빠 되다

미래를 설계하는 것도 재테크다   178

재테크 공부, 거창하게 시작하면 거창하게 망한다   183

실행이 답이다 결국 안 하더라   189

아무나 만나지 마라   196

Part 7

일곱 번째 경험

시작을 망설이고 포기했던 생활에서 **자심감을 가지다**

시각적 효과는 뛰어나다   202

100%를 위해 계획하기보다 확실한 80%를 위해 시작하라   206

자신을 너무 몰아치지 마라   210

나에게 맞다면 그게 답이다   214

꿈은 크게 실천은 작은 것부터   219

읽는 만큼 볼 수 있다   223

에필로그   나 혼자만이 아닌, 우리 행복을 위해   227

지금
당신의 삶에
만족하는가?

Part 1

첫 번째 경험

평범한 중년 아저씨

열등감을 극복하다

평범한 중년 아저씨의
삶을 거부하다

사회생활을 시작하면서 나 또한 다른 직장인들처럼 자기계발을 하려고 많은 시간을 투자했다. 그러나 도전과 실패를 반복만 하다 결국 원점으로 돌아오곤 했다. 그냥 포기해버릴까 생각하다가도 다시 새해가 되면 도전하고 또 도전했다. 다른 사람들이 열심히 사는 모습을 보면 나도 뭔가를 해야겠다는 불안감 때문이었을까. 급한 마음을 갖고 무작정 아무거나 해보려고 기웃거리기만 했을 뿐 어떠한 성공도 경험하지 못했다.

열등감이 나를 더 작게 만든다

왜 자기계발을 통해 변화를 시도하려고 했는지에 대한 답은 내가 어릴 적부터 살아온 환경에서 찾을 수 있을 것 같다. 학창 시절의 나는 공부를 썩 잘하는 것도 아니었고, 운동이나 다른 활동에 소질이 있던 건 더더욱 아니었다. 그렇다고 미모가 빼어나 눈에 띄는 사람 또한 아니었다. 나는 지극히 평범한 사람이었고 어찌 보면 내세울 만한 게 하나도 없는 사람이었다. 그렇다고 부모님을 속 썩이거나 사고를 치는 아이도 아니었다.

보이는 현실은 이렇게 평범했지만 보이지 않는 내면의 세계는 좀 달랐다. 소위 잘난 친구나 친척, 성공한 지인들을 보면서 어린 시절을 보냈던 나는 그 사람들과 자꾸 비교하며 살았다. 누가 전교 1등을 한다, 좋은 대학에 진학했다, 어려운 시험에 합격했다는 얘기를 들을 때마다 자괴감에 빠지기도 했다. 그 자괴감은 심한 스트레스로 다가왔다. '내가 뭘 하는 거지?' '나는 왜 안 되는 거지?'라며. 시간이 지날수록 열등감도 쌓여갔다. 이 열등감은 평소 내 실력을 제대로 발휘하지 못하게 만들었다. 대입 시험의 결과도 형편없었고, 어떠한 시험이나 도전을 해도 좋은 성과를 못 냈다. 심지어는 운전면허 필기시험마저 떨어져 세 번을 응시해야 했다. 내 인생에는 한 번에 통과되는 시험이 없었다. 슬프게도 나는 항상 몇 번을 도전한 후에야 원하는 결과를 얻을 수 있었다.

나이가 들어 사회생활을 해도 달라지는 건 없었다. 열등감 때문인지는 모르겠으나 내가 하는 일이 쉽게 풀리는 것 같지 않았다. 몇 번을 도전한 끝에 입사했던 회사에 빠르게 적응해가며 편하게 고만고만하게 큰 어려움 없이 일하고 있던 나에게 큰 시련이 닥쳤다. 새롭게 설립된 지사에 내가 선택되어 갑자기 지방으로 내려가게 된 것이었다. 언제 본사로 복귀한다는 기약도 없었다. 본사의 복귀는커녕 몇 년 후 나는 권고사직 통보를 받게 되었다. 나의 업무성과를 비추어봤을 때 이해할 수 없는 일이지만 나는 그 상황을 받아들여야만 했다. 이 모든 것이 내가 가지고 있는 열등감에서 비롯된 것이라 여겼다. 하지만 나는 이때 경험을 통해 크게 배운 것이 있다. 사람이 현실에 안주하게 되면 큰 위기에 빠질 수 있다는 점이다. 지금 내가 다양한 도전을 계속하는 이유가 바로 이때의 교훈 때문이다.

그 후, 나는 운 좋게 외국계 기업에 재취업했고, 안정을 찾는 듯했지만 다른 시련이 기다리고 있었다. 영어 실력이 너무 부족해 중요한 업무에서 차츰 밀리기 시작한 것이었다. 그때 난 초라함을 느꼈고 제대로 기 한번 펴보지 못했던 시절이었다. 다시 열등감이 고개를 들기 시작했다. 이런 이유로 나의 신혼은 달콤함보다는 힘겨운 하루하루로 채워지고 있었다.

30대 중반이 채 되지도 않았는데 힘든 상황을 겪으면서 자존감은 바닥을 쳤고, 열등감은 더 심해졌다. 보통 자존감이 높은 사람들은 어려움이 생기면 자책하거나 실의에 빠지기보다는 이를 극복하기 위해 방법을 찾으려 한다. 하지만 나는 그러지 못했다. 주변의 환경만 탓했고, 투덜거리기만 반복했다. 나의 열등감이 점점 더 큰 고

난을 불러왔다.

나는 앞으로 열등감에 찌든 나 자신을 그대로 내버려두고 싶진 않았다. 무언가를 해야 했다. 그래서 난 새벽 기상을 시작했다.

열등감이 나를 크게 만들게 하려면

열등감이라는 것도 사람들이 느끼는 커다란 감정이다. 그 감정은 에너지가 되어서 무엇을 하든 제대로 실력을 발휘하지 못하게 만들고 또 자기 자신을 자책하게 만들기도 한다. 결국 '나는 뭘 해도 안 되는 사람이야.'라는 생각을 자꾸 하게끔 만들고 나를 주저앉힌다. 그런데 나는 이렇게 살지 않기 위해 열등감이라는 에너지를 절박함으로 바꾸기로 했다. 그만큼 간절한 마음도 강했다. 어떻게든 삶을 바꾸고 싶었고 그것을 위해 무엇이라도 시작해야 한다고 생각했다. 이번만큼은 정말 중간에 포기하지 않고 실패를 반복하고 싶지 않았다. 그래서 가장 먼저 한 것이 새벽 기상이었다.

다시 말해 내가 새벽에 일어나는 단 하나의 이유는 '절박함' 때문이었다. 영어가 부족하다는 이유로 모든 것을 포기하긴 싫었다. 그래서 마음을 잡고 새벽에 기상하기 시작한 것이다. '절박함'을 가지고. 난 영어 실력을 높이기 위해 1년 가까이 매일 새벽에 일어나서 영어 공부에 매진했다. 마침내 나는 '절박함'을 이용해 좋은 변화를 이루어냈다. 그리고 점점 새벽에 일어나는 것이 어렵지 않게 되었고 '작지만 좋은 습관'으로 자리 잡았다.

'절박함'은 나를 어려운 상황으로 몰아갔을 때 만들어지는 게 아니다. 마음에 들지 않는 현실에서 벗어나야겠다는 간절한 마음, 내가 성취하고 싶은 무언가를 원하는 마음. 이게 바로 절박함이다. 이제 현실 상황에서 정말 싫은 것을 적어보라. 그것이 무엇인지 생각해보라. 이를 절박함으로 바꾸어야 한다. 누구나 매일같이 늦은 시간까지 일하고 찌든 모습으로 집에 들어가는 건 싫어한다. 그리고 1시간이라도 책을 읽고, 등산이라도 하며 시간을 보내고 싶은 마음을 가지고 있다. 나도 그 마음 너무나 이해된다. 하지만 우리는 더 이상 무기력해지면 안 된다. 절박한 마음을 간절한 마음으로 바꿔 실천해야 한다. 여기에서 '절박함'이란 '절박한 마음'이지 진짜 '절박한 상황'이 아니다.

할 엘로드는 《미라클 모닝》에서 "인간은 '언젠가는'이라는 태도를 고수하고 있다. 그래서 삶을 개선해야겠다는 '절박함'을 가지지 못하는 것이다."라고 했다. '절박함'이 없으면 '언젠가는 하겠지.' '언젠가는 되겠지.'라며 지금 당장 해야 할 일을 미루게 된다. 이러한 태도는 내가 과거에 그랬듯 '절박한 상황'으로 몰아갈 수 있다는 걸 기억하라.

당신이 어떠한 열등감으로 힘들어하고 있다면, 혹은 '나는 왜 이렇게 잘 안 될까?' 하는 마음을 갖고 있다면 당장 절박함으로 바꿔라.

이것이 바로 변화의 시작이다.

　내가 지금 이루고 싶은 무엇, 그것을 향한 절박한 마음. 이것을 발견했다면 절반은 성공이다. 이제 실천하는 일만 남았다.

열등감을 절박함으로 바꾸라. 그리고 실천해라.

일단 쓰면서
계획하라

자기계발을 성공적으로 하기 위해서는 '작지만 좋은 습관'을 가져야 한다고 말했다. 이제 시작하겠다고 마음을 먹었다면 구체적인 계획이 필요하다. 나는 계획이든, 과정이든, 결과든 뭐든지 적기를 권한다. 중년이 되면서 나의 기억력이 감퇴하는 이유도 있지만, 눈에 보이면 무엇을 해야 할지 분명해진다. 그래서 나는 되도록 모든 것을 적으라고 권한다.

하지만 나는 기록하는 것에 익숙지 않았다. 학창 시절에는 아버지로부터 항상 뭐든 기록해두라는 말을 많이 들었지만, 그걸 잔소리로 생각해서 적극적으로 쓰려고 덤비지 않았다. 쓰지 않아도 대부분 기억할 수 있다고 자부했기 때문이다. 그런데 살아보니 아버지가 하신 말씀이 조금씩 이해되기 시작했다. 아버지의 말씀과는 다르게, 나는 필요한 모든 것을 잘 기록해두지 않다 보니 회사생활을 하는 데 고생을 좀 했다. 제대로 적어두지 않아 당시의 일을 기억 못 할 때가 많았고, 무엇부터 해야 할지 헤매는 경우도 허다했다. 제대로 일을 기억하지 못하는 나를 발견하면서 쓰는 습관을 들이려고 상당히 공을 들였다.

처음에는 간단한 수첩을 가지고 다니면서 필요한 내용을 적었지만, 그것은 그냥 쓰는 행위에 불과했다. 쓰기는 했지만 제대로 정리되지 않았고 원할 때 과거 자료를 잘 활용할 수 없었다. 그래서 어떻게 잘 정리하고 기억할 수 있을지 고민하다가 플래너를 하나 샀다. 일거수일투족 모든 것을 써가면서 다이어리 꾸미기도 해나갔다. 예쁘게 색을 입히고 표시하다 보면, 다이어리 내용을 잘 정리하고 소중하게 다룰 것이라 여겼다. 하지만 시중의 플래너는 나에게 필요 없는 기능이 너무 많았다. 플래너의 많은 기능을 모두 이용하지 못해서 스트레스를 받기도 했다. 그래서 불필요한 것들은 없애고, 필요한 것들은 더 넣으면서 나만의 플래너를 만들어 쓰기 시작했다.

이렇게 나는 쓰는 습관을 들이는 데 많은 시간을 투자했다. 시행착오도 꽤 겪었다. 하지만 이제는 나만의 가장 효율적인 방법을 찾아 플래너를 써나가고 있다.

쓰기만 해도 이루어진다

플래너를 쓰는데 왜 그렇게 시간을 투자하냐고 할 수도 있다. 하지만 나는 '쓰는 만큼 이루어진다'라는 사실을 믿기 때문에 많은 시간 공을 들이는 것이다. 이제 내가 플래너에 기록하고 있는 것들이 무엇인지 간단히 얘기해보고자 한다.

1. 계획 쓰기

나는 항목별로 나누어 목표와 계획을 정한다. 이는 시중의 한 플래너에 나와 있는 내용인데 너무 좋은 방법인 것 같아 계속 쓰고 있다. 항목을 일, 재정, 자기계발, 건강 등으로 나누어 계획한다. 연령대별로 인생 목표를 정할 때도 항목별로 나누어 구체적으로 쓰고, 연간 계획과 월간 계획을 만들 때도 마찬가지로 한다. 이렇게 목표한 바를 하나씩 이루어나갈 때 형광펜으로 표시해나가는 재미가 대단하다. 하나씩 이루어나갔다는 뿌듯함 때문일 것이다. 나는 덤으로 버킷리스트도 생각날 때마다 쓴다. 뭐든지 써 둔다. 나중에 해볼 것이라는 생각에.

2. 일기 쓰기

나는 매일 감사일기와 성공일기를 쓴다. 일기라고 해서 길게 쓰는 게 아니라 짧게 한 문장으로 쓰는 것이다. 매번 세 가지 정도를 적는다. 처음에는 짧은 문장 하나를 쓰는 데도 30분 넘게 고민한 적도 있었다. 감사하는 일과 성공했던 일을 쓰는 것은 자신을 되돌아보고 마음을 다스리는 데 좋다. 나같이 긍정적이지 못하고 자신감이 부족한 사람에게는 꽤 도움이 된다.

3. 가계부

매월 1회씩 가계부를 쓴다. 새로운 달이 시작되기 전에 계획을 세우고, 마지막 날은 반성하는 시간이다. 재테크에 관심을 가지면서 시작한 것이다.

4. 독서 리스트

매년 책을 몇 권 읽겠다고 써두고, 번호를 매겨가며 무슨 책을 읽었는지 간략하게 기재한다. 독서일지를 쓰기는 하지만 별도로 리스트를 만들어 순번, 일자, 제목, 저자, 출판사, 키워드 순으로 쓴다. 내가 어떤 책을 읽었는지 확인하고 책을 편식하지 않으려고 시작한 일이다.

나는 이렇게 내 방식대로 플래너를 쓰기 시작하면서 목표한 것이 이루어진다는 것을 경험했다. 나아가 생각날 때마다 써둔 버킷리스트를 가지고 구체적인 계획을 세워 보기도 했다. 그것이 이루어질 것이라고 기대하면서.

예를 들어 40대에 유럽축구를 보러 꼭 가겠다는 목표를 가지게 되면, 여기에 대해 언제, 누구와 가고, 얼마간 휴가를 사용할지, 돈이 얼마나 필요할 것인지, 어떻게 충당할 것인지 계획을 세우는 것이다. 실제로 나는 이 계획을 구체적으로 적었고 실행에 옮겼다.

내가 알고 지내는 중견기업 사장님도 다이어리를 충실하게 쓰고 있다고 한다. 그는 월간 계획 하단에 언제, 어떤 고객과 무슨 일이 있었는지 빼곡하게 적어놓는다. 고객 성향 파악은 물론이고, 어떤 이슈 사항이 있었는지를 기록해둔다. 나중이라도 그 고객들과 다시 거래하는 상황이 발생할 때 자신에게 유리한 방향으로 유도하는 데 큰 도움이 되기 때문이다. 그는 회사에서 큰 투자를 해야 할 때도 어떤 시행착오를 했고, 어떻게 성공을 이루었는지를 꼼꼼하게 기록한 다음 앞으로 어떻게 할 것인지 계획함으로써 실패를 줄이고 성공 가능성을 높인다. 위에서 언급한 사장님뿐만 아니라 내 주변을 살펴보면 목표와 계획을 세우고 기록하는 사람을 심심찮게 볼 수 있다. 항상 느끼는 것이지만, 그들은 아예 써두지 않는 사람들보다 계획한 것들을 잘 실천해나가고 있는 듯하다.

나는 쓰는 만큼 이루어진다는 걸 강하게 믿는다. 이루고 싶은 것이 있다면 모든 것을 기록하고 계획해나가길 바란다. 계획을 밖으로 표출해서 자신이 직접 볼 수 있어야 실천할 수 있다. 기록하고 쓴다는 행위는 생각한 것을 구체화하는 작업이다. 이 작업은 결국 우리의 꿈을 이룰 수 있게 만들어준다.

이루고 싶은 것이 생각났다면 일단 쓰고 계획해보라.

실패의 주범은
지긋지긋한 '완벽주의'에 있다

'작심삼일'을 모르는 사람은 없다. 단단히 먹은 마음이 3일을 가지 못한다는 말이다. 어떤 것을 시작하지만 중도에 포기할 때 이 말을 쓴다. 자기계발을 시도했던 사람들에게는 낯설지 않은 용어이다. 무엇인가를 시도하면서 이런 경험을 한두 번씩은 가지고 있을 것이다.

나 또한 자기계발을 시작하면서 '작심삼일'이 되어버려 스트레스를 받은 적이 많았다. 새벽에 일어나는 습관이 몸에 배기 전에는 계획했던 시간에 일어나지 못하는 상황이 자주 발생했다. 그럴 때마다 허탈하기도 하고 짜증이 났던 기억이 많다. 더군다나 계획대로 이행은 하지만 만족스럽지 않거나 빠르게 향상되는 모습이 나타나지 않으면 고민하기도 했다. '이 길이 아닌가. 그만둘까?'라고.

'작심삼일'을 이용하다

나는 내가 계획했던 대부분을 포기하지 않고 꾸준히 해내는 결과를 얻었다. '작심삼일'을 받아들이기 시작하면서 가능했던 일이다. 나는 3일을 이행하고 바로 포기하는 게 아니라, 3일을 실천하고 나면 다음 날 휴식을 부여했다. 즉 '3일 실천 1일 휴식'을 계속 반복했다. 이것이 바로 '작심삼일법'이다. 이 방법을 이용하면 절대 포기하는 일은 없다. 잠시 하루를 휴식할 뿐이다.

계획한 것을 매일매일 지키려고 힘들어하기보다는 '작심삼일법'을 이용해 포기하지 않는 것이 오히려 낫다고 생각했다. 나에게는 상당히 괜찮은 방법이었다. 오랫동안 지치지 않고 꾸준함을 가지는 데는 이만한 방법이 없다.

특히 다이어트를 할 때 이 '작심삼일법'은 매우 유용하다. 다이어트를 하다 보면 먹는 것을 조절해야 하는 경우가 많다. 먹고 싶은 것을 매일 참는다는 것은 큰 곤욕이다. 일상이 짜증스럽게 변하기도 한다. 그래서 나는 '작심삼일법'을 이용했다. 평소에는 운동과 식단을 지키지만, 일주일에 1회 정도는 맛있는 음식을 적당하게 먹었다. 처음에는 '3일 후 1일 휴식'의 패턴으로 다이어트를 했지만, 어느 정도 습관이 되니 일주일에 1회 정도만 휴식을 주어도 힘들다는 생각이 전혀 들지 않았다.

지나침은 모자란 것만 못하다

'작심삼일법'의 접근법은 '지나치게 완벽하지 말자'에서 시작한다. 내가 꼼꼼하고 치밀하면서 끝을 확실하게 보는 성격과는 거리가 멀다 보니 시작은 정말 잘하는 편이지만 마무리는 썩 좋지 못했다. 내가 이렇게 흐지부지하게 끝내는 상황을 자주 연출하고 있었다고 하더라도 누구에게나 완벽하게 해낸다는 일은 어려운 일이다. 아니, 불가능에 가깝다. 그렇다고 자기계발이나 새로운 도전을 멀리할 수만은 없지 않은가. 그래서 내가 생각해낸 것이 '작심삼일법'이다. 계획이 크고 작음을 따지기보다는 작은 것이라도 오랫동안 해나가자는 것이 나의 궁극적인 목표였다. 강한 놈이 이기는 게 아니라 질긴 놈이 이기는 것이다.

지나치게 완벽할 필요가 없다는 말은 '자기만족'을 가질 필요가 있다는 의미다. 자기만족이라고 해서 대충해놓고 스스로 위안거리로 삼는 것과는 거리가 멀다. 이는 다른 사람의 잣대를 굳이 자신과 비교하며 자격지심을 가질 필요가 없다는 말이다. 많은 체중감량을 하고 예전에 입지 못했던 옷들을 멋지게 소화해내는 기쁨을 누리고 있다 하더라도, 다이어트 측정의 표준이라고 일컫는 BMI 지수를 측정하다 보면 기분이 반감될 수 있다. 실제로 나는 다이어트를 통해 몸이 날 듯 가벼움을 느끼지만, BMI 지수는 내가 지방량이 3%가 많다고 하면서 더 감량하라고 말한다. 참 당황스럽다. 이를 악물고 열심히 뺐다고 생각했는데 아직 정상이 아니라고 하니 말이다. 이럴 때 우리는 짜증이나 스트레스를 받을 필요가 없다. 몸이 들어가지도 않던 옷을 입을 수 있게 된 것에 감사한 마음을 가지면 그만이다. 지금껏 잘해온 자기 자신에게 너무 모질게 대하지 않았으면 한다. 그리고 우리는 자기만족을 가질 필요가 있다. 이 정도면 성공이라고 말해도 괜찮다.

우리는 작은 것이라도 어느 정도 성공해본 경험이 있으면 더 큰 목표를 달성하려고 노력한다. 지금까지 잘해왔으니까 조금만 더 하면 더 나아질 것이라는 생각을 자연스레 가지게 된다. 당장 완벽해지려고 서둘지 않아도 된다. 자기만족을 가지고 꾸준히 해나가는 자세만 있다면 더 성장할 수 있다. 이 과정이 바로 '작심삼일법'의 흐름이다.

지나친 완벽함을 경계하라. '작심삼일'의 원리를 잘 이용한다면 지나친 완벽주의를 벗어날 수 있다. '3일 실천 후 1일 휴식'을 무한 반복한다면 포기는 없다. 그리고 이것은 바로 '작지만 좋은 습관'이 된다. 결국에는 자신이 목표한 대로 성과를 이룰 수 있다. 완벽함에만 목숨 걸지 말고, 어떻게 하면 지속할 수 있을지에 더 집중하는 자세가 필요하다. 자기계발은 완벽함이 아니라 꾸준함이다.

완벽함을 버리고 꾸준함을 선택하라.

씨앗도 심어본 적 없는 사람이
나무를 심을 수 있겠는가

새롭게 시작한다는 것은 항상 긴장되는 일이다. 잘해낼 수 있을지도 의문이고, 무엇부터 해야 할지 고민도 된다. 근육질 몸을 만든 멋진 사람을 본다거나, 외국어를 자유자재로 구사하는 어린 학생들을 보노라면, 당장 뭐라도 해야 할 것 같다. 갑작스레 의욕이 넘쳐 헬스장 이용권 1년분을 등록한다든가, 비싼 영어학원을 장기간 수강하는 경우가 비일비재하다.

나는 자극이 왔을 때 그게 무엇이든 일단 덤벼보는 스타일이다. 그런데 시작은 하지만 진행 과정에서 두려움을 가지는 소심한 성격 탓인지, 아니면 짠돌이 기질이 강해서인지 모르겠지만 선뜻 많은 돈을 투자하지는 않는다. 무엇이든 금전적인 투자가 많이 없는 선에서 무리하지 않고 적당하게 시작한다.

나는 이런 내 모습을 '쪼잔하다'라고 표현한다. 그러나 나는 내가 이런 면모를 갖고 있어서 다행이라고 생각할 때가 많다. 내가 그냥 하고 싶다고 아무 생각 없이 큰돈을 투자했다면 지금쯤 거덜났을지도 모르기 때문이다. 천만다행이다. 그래서 나의 쪼잔함이 사회생활을 할 때 그리 나쁘지만은 않다. 그래서 나는 오히려 약간의 쪼잔함을 가진 사람이 자기계발을 하는 데 더 나을 수 있다는 생각도 해본다. 이 말은 내가 불필요하게 잘 소비하지 않기도 하지만, 항상 크고 대단한 일만 찾아서 대책 없이 벌이는 행동을 경계한다는 의미다.

기본 원칙에 충실한다

쪼잔한 나의 스타일은 시행착오를 줄여주었다. 하지만 뭐든지 시작을 하게 되면 기본적인 단계부터 하나씩 앞으로 나가기 때문에 불필요하게 이것저것 따지는 시간이 별로 없었다. 오히려 단순하게 생각하면서 시작할 수 있었다. '인생에 한방은 없다'라는 생각으로 차근차근 진행해나갔다. 금전적으로 투자를 많이 하지는 않지만 좋은 효과를 얻기 위해 충분한 시간을 투자하고 꾸준한 노력은 필수다. 하나의 전략에는 다양한 전술이 있긴 하지만 쉬운 방법은 절대 있을 수 없다.

내가 한창 다이어트에 관심을 가졌을 때 주위에 다이어트와 관련된 광고가 그렇게 많은 줄을 처음 알았다. 텔레비전이나 지하철에서 볼 수 있는 다양한 다이어트 광고 속에서 날씬한 몸매의 여성이 웃으며 나를 바라보고 있었다. 광고에 나오는 매력적인 여성을 바라보면서 나도 저렇게 될 수 있을까 하는 생각을 해보기도 했다. 광고가 너무 잘 만들어져 나의 호기심을 유발하기도 했다. 광고를 볼 때마다 정말 빨리 살이 빠질 것 같은 느낌도 들었다. 그러나 나는 차마 전화를 하지는 못했다. 나의 쪼잔함 때문이었다. 당연히 많이 비쌀 거라는 생각 때문에 물어볼 생각조차도 하지 않았다. 하지만 어떤 상품인지, 가격이 어떤지 궁금하긴 했다.

나는 다이어트 상품을 선택하는 대신 다양한 정보를 수집해서 다이어트를 시작했다. 물론 다이어트를 위해 소소하게 투자하는 건 마다하지 않았다. 근육량을 늘려야 한다는 사실을 알게 되면서 퍼스널 트레이닝을 시도하려 했지만 비싼 가격 때문에 시작하지 못했다. 하지만 나는 무엇보다도 어떻게 운동해야 하는지 배워야 했다. 때마침 아파트 내 헬스장에서 아주 저렴하게 PT 수업을 한다는 사실을 알게 되었다. 그 헬스코치는 수업 시간을 1시간 이내로 줄이는 대신 가격을 저렴하게 내려 수업을 하고 있었다. 덕분에 나는 운동하는 방법을 많이 배워 나중에는 혼자서도 할 수 있게 되었고, 헬스가 다이어트에 효과가 좋다는 걸 처음으로 경험했다.

길지 않은 기간 동안 짧은 시간의 개인 PT로도 살이 많이 뺄 수 있었다는 사실에 너무 만족스러웠다. 이후에 나는 이렇게 시간을 짧

게 하면서 가격을 많이 낮추는 PT 수업이 있는지 찾아봤지만 아쉽게
도 찾을 수 없었다.

나는 많은 돈을 들여 큰 성취를 하기보다는 적은 돈으로 작은 성
과를 이루었다. 앞에서 말했듯이, 마음속에 하고 싶은 의지가 꿈틀대
고 있다면 바로 결심하고 행동으로 저지르는 편이다. 하지만 진행은
꼼꼼하게 하면서 쪼잔함을 발동시켰다. 다이어트를 하겠다고 결심을
굳히면서 바로 PT 수업을 찾았다. 하지만 무조건 비싸고 좋은 곳만
선택하는 게 아니라 나에게 맞으면서 저렴한 곳을 찾아 나섰다. 내가
계획한 대로 잘 이행될 수 있을지 직접 발품을 팔아 이것저것 따졌던
것이었다. 심지어 헬스코치의 성향까지도 파악했다. 코치가 어떻게
가르쳐줄 수 있을지 수업도 참관하고 많은 대화를 시도했다. 결국 나
는 가성비 좋은 결과를 얻을 수 있었다. 이렇게까지 발품을 팔고 많
은 공을 들였던 것을 쉽게 포기하지 않았다. 내가 했던 노력이 아까
워서라도 쉽게 포기가 되지 않았다고 하는 것이 맞을 것이다.

디테일이 성공을 부른다

많은 돈을 들이면서 큰 성취를 맛볼 수도 있겠지만, 작은 것부터
꼼꼼하게 계획하고 발품을 팔면 가성비 좋은 결과를 가질 수 있다.

물론 가성비 좋은 방법을 찾는 게 쉽지는 않다. 시간과 노력이 많이 든다. 그래서 쉽게 포기하지 못한다. 결국 성공하게 된다.

자! 이제 결심이 섰다면, 쪼잔함을 가지고 디테일하게 준비하라.

꼼꼼한 계획과 시간 투자가 아까워 포기하지 못하게 하라.

중년은 꿈을 가지기에
가장 적절한 시기다

나는 학교를 졸업하고 성인이 되었을 때 먹고사는 게 해결되면 만고땡인 줄 알았다. 회계학을 전공했던 나는 대학만 졸업해도 조그만 회사에서 전공을 살리면 그럭저럭 살 수 있을 것이고, 취업만 하면 정년까지 고만고만하게 살 수 있으리라 확신했다. 매스컴에 나오는 구조조정, 실업대란과 같은 말은 남의 얘기라 여겼다. '저 사람들은 꿈이 크고 능력이 좋아서 좋은 회사만 찾으니까 그렇지. 나는 조그마한 회사에 입사해서 적당하게 살면 아무 일 없을 거야!' 하고 생각하며 살았다. 오죽하면 학창시절 때 토익을 한 번도 쳐본 적이 없을 정도였다. 당시 대기업은 한창 토익을 도입하던 시기였지만 나는 큰 회사에 취업할 생각이 없었으니 토익시험을 볼 이유가 없었다.

나는 참 운이 좋아 남들보다 쉽게 회사생활을 시작한 것이다. 높은 이상을 가지고 살 나이였음에도 그런 게 뭔지도 몰랐다. 나는 젊은 시절부터 너무 적당하게 살려고 했다. 그리고 회사에 입사해도 남들처럼 적극적으로 살지는 않았다. 기본적으로 해야 할 도리만 지키며 생활했다. 군이 합리화시켜 보자면, 나는 순리대로 살았다고 말할 수 있겠다.

지금에 와서 과거를 되짚어보면 나를 발전시키는 노력을 조금도 하지 않았던 것이었다. 그래서일까. 나는 30대 초반부터 권고사직이라는 어려움을 겪으며 힘든 시간을 보냈다. 남들은 한창 꿈을 펼치고 미래를 설계할 나이인데, 나는 힘든 상황에 직면하고 있었다. 남들처럼 도전적으로 살고, 자신을 발전시키는 일을 게을리했던 나 자신을 자책하기도 했고 후회도 했다. 또 한편으로는 조금이라도 젊었을 때 이런 꼴을 당한 게 오히려 다행이라고 생각했다. 젊을 때는 어려움이 있더라도 충분히 준비해서 빠르게 극복할 수 있기 때문이다. 만약 지금과 같은 중년이 되어서 회사를 나가라고 한다면 나는 더 큰 어려움을 겪지 않았을까? 내가 꾸준하게 자기계발을 게을리하지 않는 마음가짐이 여기에 있다.

나이 핑계는 이제 그만

나는 중년에 자기계발을 한다거나, 새벽에 일어난다는 것을 자랑스럽게 얘기한다. 새벽에 일어나서 운동하거나 외국어 공부를 하고,

시간이 허락할 때마다 책을 읽는 모습, 오래 살겠다고 짠하게 살 빼는 모습을 본 지인들은 대단하다면서 박수치며 응원해주지만 그들의 대답은 한결같다. "이제 애들 공부시키고 해야지. 왜 그래?" "나이 먹고 자꾸 힘들게 살지 마라."고. 맞는 말이긴 하다. 아이들을 올바르게 인도해야 하는데도 오히려 우리 집은 부모가 아이들보다 더 열심히 운동하고, 독서도 더 많이 하며 살고 있다. 그만큼 아이들에게 주는 관심이 덜하다는 사실에 미안함이 있긴 하지만, 항상 자신의 가치를 높이려고 노력하는 나와 아내의 모습을 아이들이 본받으며 실천해가기를 은근히 바라고 있기도 하다.

중년이 되면 새로운 도전을 두려워하게 된다. "몸과 머리가 따라오지 않아 이제 아무것도 못 하겠다." "이 나이에 무슨."이라는 말을 많이 한다. 하지만 자신만의 관심사를 가져와 새로운 도전을 하는 것은 매우 의미 있는 일이다. 중년이 되면 건강에 많은 관심을 가지게 되고 이를 지키려고 노력한다. 특히 영양제를 한 움큼이나 먹는다. 영양을 보충하는 게 좋은 일이지만, 영양 보충보다 중요한 건 운동과 음식 관리다. 하지만 내 주변에 있는 중년들은 모두 영양제에 의존하며 살아가고 있다. 운동을 즐기지도 않는다. 꾸준히 운동하는 것이 중년이 할수 있는 그나마 쉬운 자기계발 중의 하나인데도 잘 실천하지 않는다.

요즘 나는 건강이나 올바른 마인드를 가지기 위해 많은 시간을 할애한다. 건강하게 살려고 운동하며 살을 뺐고, 과거에 읽지 않던 책을 자주 접하면서 생각을 유연하게 만들려고 노력한다. 물론 책을 통해 재테크도 하나씩 공부해나가고 있다. 또 내가 가이드가 되어 가족과 함께 외국 여행을 꿈꾸고 있기에 외국어 공부도 더 열심이다.

102세가 된 한 명예교수의 인터뷰를 본 적이 있다. "공부가 따로 있나요. 독서나 하는 거죠. 취미 활동하는 거고요. 취미도 일 가운데 하나입니다. 운동은 건강을 위해서 있고, 건강은 일을 위해서 있습니다. 내 친구 중에 누가 가장 건강하냐. 같은 나이에 일이나 독서를 제일 많이 하는 사람이 가장 건강합니다."

인터뷰의 내용처럼 노년에 건강한 모습을 유지하려면 지금부터라도 자기계발을 당장 시작해야 한다. 나 또한 노년에 몸과 마음이 더 건강한 사람이 되는 꿈을 가지게 되었다.

자기계발을 하는 데 나이는 상관없다. 어른이 되면 자기계발이 꼭 필요하다고 생각하지 않을 수도 있다. 아이들이나 젊은 친구들이 할 일이지, 나이 먹은 사람이 이렇게까지 하냐고 반문할 수도 있다. 이는 '어른은 더 이루고 싶고, 꿈꾸고 싶은 것들이 별로 없다'라는 생각 때문이다. 하지만 우리에게 필요한 건 거창한 그 무엇이 아니다. 꿈을 가지고 하나씩 실천하기만 하면 된다. 건강한 노년을 기대하면서.

나이는 숫자에 불과하다. 할 수 있을 때 해야 한다.

중년에 다시 꿈을 가져라. 그리고 실천해라. 절대 늦지 않다.

새벽 기상은
더 이상
선택이 아니다

Part 2

두 번째 경험

술 좋아하던 김 팀장

새벽형 인간이 되다

삶의 가장 위대한 변화는
새벽 기상에서 시작된다

"세상은 6시를 두 번 만나는 사람이 지배한다."

스노우폭스 김승호 회장이 한 말이다. 24시간 중 6시를 두 번 만나려면 아침 6시 이전에 일어나야 한다. 그래야 오전 6시, 오후 6시를 모두 만날 수 있다. 이는 아침에 일찍 일어나는 습관이 우리에게 성공과 부, 건강을 안겨준다는 뜻이다.

책을 읽다 이 문구를 발견했지만 "그래, 좋은 말이네." 하고 그냥 넘겼다. 김승호 회장 같은 큰 성공을 거둔 사람들이나 하는 말이겠거니 싶어서 말이다. 여기저기 비슷한 이야기를 접할 때도 그리 와 닿지 않았다. 아침에 일어나는 사람이 성공한다는 얘기가 나와 무슨 상관이람, 하면서.

그런 내가 지금은 10년째 6시를 두 번 만나는 사람으로 살고 있고, 이렇게 책도 쓰고 있다. 확실한 건 직접 경험해보니 그들 말이 사실이라는 것, 아침에 일찍 일어나는 작은 습관 하나가 삶을 얼마나 값지게 만들어주는지 알게 되었다는 것이다.

항상 술과 함께 생활하다

과거의 나는 지금의 나와는 전혀 달랐다. 아침에 일찍 일어나는 생활과는 완전히 거리가 먼 사람이었다. 나는 사람을 만나고 술을 마시는 생활을 너무 좋아했다. '아침에 일찍 일어나면 성공한다'는 내용의 책이나 방송을 심심찮게 볼 수 있었지만 나는 크게 관심이 없었다. 술 마시고 즐기는 생활이 더 좋았기 때문이다.

첫 직장생활을 하면서 본격적인 나의 음주문화가 시작되었다. 나는 참 회식이 좋았다. 그 시간에 맛난 집 찾아가는 재미가 있었기 때문이다. 그리고 내 돈 들이지 않고 술도 마음껏 마실 수 있으니 얼마나 기뻤던지 모른다. 공식적인 회식 이외에도 크고 작은 술자리엔 항상 내가 있었고 심지어는 다른 팀 회식까지도 참석해서 분위기를 북돋우기도 했다. 참 대단한 열정이었다. 온갖 이유를 갖다 대며 술 마시기에 열중이었다. 어떤 직원이 생일을 맞이했다거나, 팀장이 없어 다음 날 자유로운 시간이 예상될 때, 아니면 내가 쉬는 날이어서 회사를 갈 필요가 없을 때 나는 어김없이 술자리에 있었다. 그 많은 술자리에서 나의 출석률은 100%였다. 너무 완벽했다.

게다가 마지막까지 남아서 귀가하는 사람들이 잘 들어가는지 확인하고 마무리까지 깔끔하게 했다. 술자리에서 빠져나와 일찍 집에 간다는 것은 의리 없는 행동이라 여겼기 때문에 절대로 먼저 일어서는 법이 없었다. 그러면서도 이틀에 한 번씩은 새벽까지 술을 즐기는 경우가 다반사였다. 그러다가 갑자기 몸살이 나면 그제야 며칠을 쉬었다.

주말에 직원의 결혼식에 참석해야 할 때면 또 술 생각이 발동한다. 결혼식은 대부분 1시간이면 끝난다. 그러면 그 허전한 느낌을 감출 수가 없었다. 분위기를 한번 쓱 훑어보고는, 아는 얼굴들이 있으면 다가가 한마디를 건네본다.

"오후에 뭐해요?"

"별일 없죠, 뭐. 왜요?"

"한잔할래요? 시간도 많은데. 이런 날 친목 도모해야죠."

"너무 이르지 않나."

"일찍 먹고 일찍 가면 좋죠. 우리 집에 안주 좋은 거 많아요. 소주 한잔해요!"

결국에는 우리 집으로 번개 모임을 간다. 이렇게 모인 적이 한두 번이 아니었다. 결혼식, 회식, 각종 경조사가 끝나면 우리 집에서 2차 뒤풀이를 시작하는 건 다반사였고 이것이 우리 가족을 얼마나 힘들게 하는지 자각도 하지 못했다. 결혼한 지 얼마 되지 않았고 갓난아

기가 있었음에도 나의 대담한 행동은 멈출 줄 몰랐다. 착한 아내는 나의 돌발행동에도 원치 않는 술상을 참 많이도 차렸다.

이렇게 밤낮을 가리지 않고 음주를 즐기던 내 모습을 기억하는 아내는 지금도 가끔 내가 술 약속이 있거나 회사의 행사를 참여해야 할 때면 한마디 덧붙이곤 한다. "집에는 혼자 오는 거야! 다른 사람을 달고 오는 건 아니야!!"

나도 이젠 6시를 두 번 만난다

젊은 시절, 나는 이렇게 철없이 회사생활을 했다. 회사생활이 길어질수록 주량은 늘어가고 술자리는 잦아졌다. 술과 함께 신나는 생활을 하고 있었지만 내 마음속에는 항상 알 수 없는 불안감이 있었다. 첫 직장에서 내 의지와 상관없이 권고사직을 당해 쫓기듯 퇴사해야 했고 이직한 회사에서도 별반 다를 게 없는 생활을 하고 있었기 때문이다. 회사에서 나에게 요구하는 것은 하나씩 늘고 있는데 정작 나는 술자리만 찾아다니고 있었으니 얼마나 불안했겠는가. 특히 영어가 너무 부족해 중요한 업무에서 차츰 밀리고 있었음에도 어떤 노력도 하지 않았다. 그래도 걱정은 되었다. '이러다가 또 회사에서 잘리는 건 아니겠지?' 이 상황 때문에 스트레스만 차곡차곡 쌓여갔다. 그 스트레스를 해소한답시고 술을 퍼마셨지만 그럴수록 한심하다는 생각만 더 들었다. '나는 항상 왜 이렇지?'라는 생각에 남몰래 눈물을 훔친 적도 많았다.

나에게 닥친 상황을 해결하기 위해서 뭔가를 해야 했다. 그래서 시작한 것이 아침에 일찍 일어나는 것이었다. 무리하지 말고 아침 6시에만 일어나보자는 생각으로 시작했다. 이때 아내는 나를 위해 많은 희생을 했다. 내가 술자리에 끌려가지 않게 하려고 퇴근 시간에 맞춰 직접 운전해 나를 데리러 왔다. 확실히 저녁에 술자리가 줄어드니까 아침에 일어나는 게 어렵지는 않았다.

무엇보다도 회식이 있어도 빨리 집으로 돌아오기 위해 애썼다. 그래서 회식을 다른 방식으로 바꿔보기도 했다. 예를 들어 팀 회식을 저녁 대신 점심시간으로 한다든가, 저녁에 하더라도 패밀리레스토랑에 가서 얼른 먹고 일찍 귀가하는 방식이었다. 내가 이런 획기적인 아이디어들을 내자 여직원들은 격렬하게 환영했지만 남자 직원들은 떨떠름한 모습을 보였다. 보통 내 나이 또래의 남자들은 패밀리레스토랑에서 회식하는 것을 그리 좋아하지 않는다. 특히 술 좋아하는 사람은 두말할 필요도 없다. 사실 나도 그런 장소에서 회식을 처음 해봤다. 그런데 참 신선하긴 했다. 어쨌든 내가 이런 제안까지 했다니 얼마나 절박했었는지 짐작할 수 있을 것이다.

술을 줄이고 아침 일찍 일어나는 노력은 11개월 정도 이어졌다. 무엇보다도 내가 아침 일찍 일어났다는 그 자체가 엄청난 일이었다.

이 11개월은 47년 동안 살면서 배운 그 어떤 것보다 더 귀한 깨달음들을 안겨주었다. 특히 일찍 일어나는 습관 하나가 목표한 것을 이루도록 해준다는 엄청난 사실을 알게 되었다.

나는 새벽에 일어나는 것만으로 긍정적인 변화를 이루었다. 젊은 시절 나에게 닥친 어려움을 해결하기 위해 좋아하던 술을 멀리하려고 새벽에 일어나기 시작했다. 중년이 된 지금도 새벽 기상은 멈추지 않고 있다. 중년이 되어서까지 새벽에 일어나는 고생을 왜 하느냐고 말하는 사람들이 많다. 그럴 때마다 나는 "미래를 위해서."라고 말한다. 그 '미래'라는 것이 무엇인지는 중요하지 않다. 내가 원하는 것을 얻으면 그만이다.

새벽 기상은 원하는 것을 얻기 위해 가장 먼저 해야 할 행동이다. 성공확률을 높여주는 것이 바로 새벽 기상이기 때문이다.

무엇인가 시작하기 힘들면 새벽기상부터 실천해보자.

못 하는 게 아니라
안 하는 것이다

　우리는 퇴근 후 저녁 시간에 자기계발을 하는 데 익숙하다. 내 주위에도 저녁에 시간을 할애하는 사람들이 많다. 어떤 사람들은 어학을 배우러 학원을 가고, 또 다른 사람들은 운동을 등록해서 헬스장으로 향하기도 한다. 그들이 대단해 보인다. 나는 매일같이 술을 마시러 다닌다고 딱히 그런 실천을 해본 적이 거의 없다.

　열심히 자기계발을 하려고 노력하는 사람을 많이 보지만 제대로 실천하는 사람이 많지 않은 것 같다. 왜 이렇게 실천하는 것이 어려운 것일까? 의지가 약해서 매번 이러는 것일까? 그렇지만은 않다. 시간을 잘못 선택하고 있기 때문이다. 대개 우리는 저녁 시간에 어떤 방해 요인들이 있을지 충분히 예상하면서도 기어코 그 시간을 이용하려고 덤빈다. 왜 저녁 시간을 그렇게 고집하는 걸까?

생각을 바꾸면 누구나 가능하다

우리가 저녁 시간을 이용하려고 덤비는 이유를 심리적인 면에서 찾을 수 있을 것이다. 퇴근 시간이 되면 하루가 끝났다는 안도감과 함께 긴장이 확 풀린다. 여유를 많이 가질 수 있는 시간이다. 아니, 사실은 그냥 여유가 많다고 느낄 뿐이다. 실제로는 여유 있는 시간과는 거리가 멀다.

나의 일상만 보더라도 퇴근 후에는 계획한 것을 한다는 게 쉽지 않음을 알 수 있다. 나는 대부분 정시에 퇴근하는 사람 중의 하나이기 때문에 상대적으로 다른 사람들보다 저녁에 제법 시간이 많이 나는 편이다. 이런 나도 저녁 시간을 할애하는 게 여간 어려운 게 아니다.

귀가와 동시에 저녁 식사를 하고 나면, 대충 설거지나 간단한 정리를 끝낸다. 저녁에 운동이라도 나가려면 딱 이 타이밍에 아내에게 운을 띄워야 한다. 최대한 불쌍한 표정과 함께 힘들었다는 제스처를 해가면서 눈치껏 물어야 했다. "이제 바쁜 거 끝났지? 나 운동하러 잠시 갔다가 와도 돼?" 아내는 잔소리가 별로 없고 허락을 잘하는 편이지만, 그래도 나는 눈치를 많이 보는 편이었다. 육아에 힘들었다는 것을 잘 알기에 매번 눈치가 보였다. 그래서 저녁 시간에는 가족과 함께 시간을 보내면서 아이와 놀아주는 데 최선을 다해야만 했다. 매일 저녁 시간이 이렇게 지나가 버리는데 어떻게 자유롭고 편하게 저녁 시간을 이용할 수 있었겠는가. 비단 이는 나만의 모습은 아닐 것이다.

그렇다면 우리는 이제 생각을 바꿔야 할 때이다. 예상치 못한 상황으로 흐지부지하게 보내는 저녁 시간보다는 누군가의 간섭이나 제약 없이 실천할 수 있는 새벽을 선택해야 한다. 새벽 시간이 진정한 자신을 위한 시간이다. 꼭 저녁 시간을 이용해야겠다는 생각에서 벗어나야 한다. 새벽이 우리를 기다리고 있다.

본능과 맞서보다

어쩌다 한번은 퇴근 후에 자기계발을 한다는 이유로 학원을 가본 적이 있다. 직장 동료들과 함께 가다 보니 재미는 있었지만, 공부는 전혀 되지 않았다. 수업을 마치고 나면 결국은 술집으로 향하고 있었다. 그러고는 술을 과하게 마시고 밤늦게까지 즐기면서 하루를 마무리했다. 이게 나의 일반적인 저녁 시간의 모습이었다. 그러면서 입에 달고 사는 말이 "피곤해 죽겠다"였다. 술 마시고 놀았던 기억밖에는 없었으면서도. 한 달 중에 딱 이틀만 학원을 가고 나머지는 이런저런 이유로 가지 않거나 술을 마시러 갔다. 내가 얼마나 저녁 시간을 무의미하게 보냈는지 알 수 있을 것이다.

그래서 나는 해야 할 일이 있으면 이런 생활을 멀리하고 새벽에 일어나려고 했다. 이를 습관으로 만들기까지 참 우여곡절이 많았다. 새벽에 일어나기만 하면 책상 위에 앉아 꾸벅꾸벅 졸기만 하다가 출근한 적이 한두 번이 아니었다. 알람 3개를 동시에 울리도록 준비하기도 했고, 알람을 저 멀리 두고 어쩔 수 없이 움직여야 끌 수 있는 위치에 갖다놓기도 했다. 그럼에도 불구하고 알람을 껴안고 다시 이불 속에서 잠을 자는 경우도 허다했다.

당시 아내는 나에게 "이럴 거면 그냥 자라"고 핀잔을 많이 줬다. 초창기에 아내는 나에게 반강제적으로 물을 마시게 했고 테이블에 나와 자신의 자리를 마련해 같이 책을 보는 내조를 발휘해주기도 했다. 덕분에 나는 새벽에 쉽게 일어날 수 있는 습관이 생기기 시작했다. 반대로 아내는 나 때문에 '석사 졸업장'을 거머쥘 수 있었고 곧이어 대학 강의도 나가게 되었다. 같이 새벽에 일어나면서 나보다 더 많은 발전을 경험하게 된 것이었다.

편한 걸 추구하고 어려운 것을 피하는 건 사람의 본능이다. 새벽에 일어나는 것은 본능에 반하는 행위다. 그래서 새벽 기상이 쉽지는 않다. 나도 새벽에 일어나려고 수없이 시도하고 시행착오를 겪어가며 습관으로 만들었다. 본능을 이겨내려는 이런 모습에서 스스로 대견하다고 생각할 때가 많다. 그래서 나에게는 상당히 가치 있는 일이다.

단번에 하기 어려워 더 가치 있다

새벽에 일어나면서 매번 "피곤하다.""집중이 안 된다.""체력이 안 된다."는 말을 하고 있을지도 모르겠다. 내 경험을 비추어봤을 때 이것은 체력적으로 부담이 가는 상황이라기보다는 습관으로 되기까지의 하나의 과정일 확률이 높다. 그러면 습관이 되기까지 얼마의 시간이 필요할까? 이 질문에 대한 답을 찾노라면, 많은 사람이《성공의 법칙》에서 언급한 21일의 기적을 떠올릴 것이다. 즉, 커다란 삶의 변화에 적응하는 데 21일의 시간이 필요하다는 것이다.

《미라클 모닝》의 저자는 좋은 습관을 갖고 나쁜 습관을 고치는 데 소요된 30일의 변화를 기록하며 변화하기 시작했고《원씽》이라는 책에서는 일이 숙련되어 하나의 습관처럼 되기까지 평균 66일까지 필요하다고 언급하고 있다.

여기서 말하고 싶은 것은 습관이 되기까지 시간이 필요하다는 것이다. 새벽 기상을 시작한 지 얼마 되지 않아서 피곤함을 겪더라도 21일, 30일 또는 66일까지 시간이 걸린다는 사실을 잊지 말고 습관을 들여 보는 과정이 필요하다. 처음에는 피곤함을 느끼는 게 당연하다. 하지만 단번에 되지 않는다고 짜증을 내며 포기하지 않았으면 한다. 우리는 습관이 자리 잡히기까지 조금의 시간이 필요하다는 사실을 반드시 알아야 한다.

포기하지만 않으면 누구나 새벽에 일어날 수 있다. 매번 흐지부지하게 보내는 저녁 시간 대신 새벽에 일어나면서 성공의 확률을 높여라. 생각한 대로 한 번에 일어나는 게 잘 되지도 않고, 이상하게 피곤이 쌓이는 느낌도 든다. 습관이 되기까지 충분한 시간이 필요하다. 조급해할 필요도 없다. 한 번 못했다고 바로 포기하고 주저앉아버리지 않으면 된다.

단번에 안 된다고 빨리 좌절하지는 말라. 새벽 기상은 누구나 가능하다.

억지로라도 본능과 맞선 계획을 실천해보자.
새벽기상은 어렵지만 누구나 할 수 있는 좋은 습관이다.

'일찍 자면 일찍 일어난다'는 바보도 아는 법칙

나는 새벽 기상을 시작할 때 참 고민이 많았다. '종일 피곤해서 일을 못 하는 거 아냐?' '이제 술도 못 마시고 무슨 재미로 사나?' 새벽 기상으로 인해 지금껏 즐기던 것을 더 이상 못 한다고 생각하니 너무 아쉬웠다. 나만 그런지는 모르겠지만 새벽에 일어나게 되면 지금껏 내가 즐기던 많은 것들을 포기해야 한다는 생각이 강했다. 그리고 매일 똑같은 새벽 시간에 일어나야 한다는 생각만 하면 "정말 아무것도 못 하겠네. 이제 끝이구나! 좋은 날 다 갔네!"라는 말이 절로 나왔다.

아무리 취지가 좋아도 스트레스를 받아서는 안 된다고 생각했다. 그래서 나는 기상 시간을 유연하게 가져보기로 했다. 매일매일 기상 시각에 집착하는 것이 아니라, 일주일 평균 수면시간을 정해놓고 이를 지켜나가려고 노력했다. 가령, 평소 저녁 10시에 취침하고 아침 6시에 기상하려고 계획했을 때 계획대로 실천하면 좋겠지만 때로는 잘 지켜지지 않는다. 이런 경우에는 아침 6시에 일어나야 한다는 강박관념보다 평균 8시간을 잔다는 데 초점을 맞출 필요가 있다. 어떤 날은 생각보다 일찍 일어나지만, 또 다른 날은 기상 시간이 좀 늦을 수도 있다. 하지만 우리는 일주일 동안 평균 8시간의 수면시간을 지켜나가는 노력을 하면 된다. 새벽 기상이 쉽지 않을 때는 일주일 단위로 묶어서 평균 수면시간을 맞춰가는 방법이 효과적이다.

나는 이런 방법으로 시간을 유연하게 다루었다. 새벽 기상을 하면서도 내가 좋아하는 술을 완전히 포기하지도 않을 수 있었던 것이다.

지나치게 멀리할 필요는 없다

새벽에 일어나려고 다짐했지만 술 마시는 일을 단칼에 거절하는 게 쉽지만은 않다. 핑계 아닌 핑계를 대자면, 내가 사회생활을 하는 데 부정적 효과가 발생할지도 모르기 때문이다. 나는 많은 한국 사람들이 집단주의적인 성향이 강해 본인이 그 집단에 소외되는 듯한 느낌을 받으면 참 불편해한다고 생각했다. 그래서 나는 술자리나 행사가 있으면 섣불리 거절하지 못했다. 사회생활을 하면서 술을 마시지 않는 게 쉬운 일이 아니었다. 그렇다고 매일같이 술독에 빠져서 살 수도 없었다. 지나친 음주를 한 다음 날은 항상 생활 리듬이 깨져 일하면서 소위 멍 때리는 시간이 많았다. 이런 시간을 줄이려면 술자리를 빨리 마치고 집으로 가야 했다. 그래서 일찍 술자리만 끝내기 위해 찾아낸 방법이 있다. 목표한 술병의 숫자만큼만 마시고 집으로 향한다는 전략이다.

"오늘은 인당 소주 2병만 마시자."

"뭐라고? 그거 먹고 되겠냐?"

"1시간에 각자 1병씩, 2병씩 마시고 집으로 고!"

이런 경우 술 좋아하는 사람들은 늘 아쉽다고 생각하지만, 이렇게 시간과 병 숫자를 정해놓으면 의외로 잘 지켜진다. 술 마시며 밤을 지새우던 동지 하나가 갑자기 술 마시는 행위에 제동을 걸었으니 탐탁지 않게 여기거나 얼떨떨하게 생각할 수도 있다. 술 마시는 속도를 빨리 가져가는 나의 계략 때문에 나의 술 동지들이 빨리 취해서인지, 아니면 내가 새벽에 일어나야 한다고 하니까 그럭저럭 봐주는 것인지 알 수 없으나 악착같이 나를 잡으려 하지 않는다. 참 고마운 일이다. 이런 방법을 써가며 술자리를 마치면 밤 9시면 집에 도착한다. 처음 아내는 술자리를 일찍 마치고 들어오는 나의 모습을 상당히 어색하게 느꼈다. 하지만 이제는 당연하게 9시쯤 귀가하는 것으로 안다.

나는 새벽에 일어나면서 변화를 이루고 있기는 하지만 술은 여전히 조금씩 마신다. 처음에는 술을 일절 끊고 새벽에 일어나야겠다고 생각했다. 하지만 쉽지 않았다. 불가피하게 회사에서 식사하는 자리가 마련될 때가 있고 집에 혼자 육아에 시달리는 아내를 위로해주면서 가끔 술을 한 잔이라도 하게 된다. 사람들과의 소통을 위해 스스로 조금의 음주는 허락했다.

내가 술을 끊을 필요가 없다고 말하고는 있지만, 새벽에 일어나는 습관이 생기면 자연스레 술과 멀어지게 된다. 지인이 술을 마시자고 나를 부르는 경우가 있긴 하지만 귀찮은 마음이 더 커서 나가지 않게 된다. 아내와 간단하게 맥주 한 잔을 즐기는 게 고작이다. 거짓말 같은 얘기지만 정말 그렇게 변해갔다. 나도 이해하기가 힘든 부분인데, 아마도 나만의 루틴이 생겨 술을 마시는 게 예전처럼 즐겁지만은 않은 모양이다. 때로는 이런 내 모습이 살짝 어색하게 느껴질 때도 있지만 내가 원하는 방향으로 생활하고 있어 다행이다.

누구나 상황은 비슷하다

새벽에 일어나면서 변화를 시도하던 내 모습을 보며 사람들은 "안 피곤하냐?" "몇 시간 자냐?"를 자주 묻는다. 나에게 질문을 해오는 사람들을 보면 평균적으로 12시에 잠을 자고 아침 7시에 일어나는 경우가 많다. 이에 비해 나의 생활을 보면, 보통 저녁 10시 전에 자고 일찍 일어나는 편이다. 아이들에게 일찍 자고 일찍 일어나는 습관을 만들어줄 요량으로 그 시간에 잠을 청한다. 새벽에 일어나면 보통 7시간 정도 잠을 자게 된다. 내가 새벽에 일어나더라도 4시간씩만 잠자는 건 아니다. 나의 수면시간이 다른 사람들과 큰 차이를 보이지는 않는다. 그런데도 사람들이 새벽에 일어나기 힘들어하는 이유가 뭘까? 늦게 자니까 늦게 일어나게 되는 것이다. 나는 일찍 자고 일찍 일어날 뿐이다. 새벽에 일어난다고 해서 수면시간을 갑자기 줄여야 하는 건 아니다. 나는 남들보다 수면시간을 확연하게 줄이면서까지 새벽 기상을 하지 않는다. 잠자는 시간은 남들과 크게 다르지 않다. 충분히 자면서도 가능하다.

나는 새벽 기상을 한 지 오래되었고 자연스럽게 일찍 일어나게 부담스럽지 않은 지금은 남들보다 수면시간이 적을 수 있다. 하지만 처음 새벽에 일어나는 습관을 가지려고 했을 때 남들과 비슷한 시간을 자면서도 해냈다. 무조건 적게 자야 한다는 생각은 틀렸다. 수면시간을 줄이지 않아도 일찍 자고 일찍 일어나면 더 많은 것을 즐길 수 있다.

더 잘 즐길 수 있다

새벽에 일어나는 내 모습을 보고 너무 팍팍한 삶을 살고 있다 내지는 너무 재미없게 산다고 생각하는 사람들이 있다. 하지만 오히려 새벽 기상을 시작하면서 내 생활에 더 짜임새가 생겼다. 특히 주말은 더욱더 그렇다. 나는 평일뿐만 아니라 주말에도 일찍 일어나는 편이다. 대개 4시에 일어나서 하루를 시작한다. 일어나자마자 잠시 책을 보고 운동하러 가게 되는데, 평일에 마음껏 하지 못했던 운동을 즐기는 것이 주말 아침 나의 가장 큰 즐거움이다. 나는 시간 가는 줄 모르고 테니스를 친다. 새벽의 상쾌함, 주말의 평안함이 더해져 있기에 이 시간에 즐기는 테니스가 너무 좋다.

새벽부터 열정적으로 모든 에너지를 쏟아붓고 집에 오면 오전 9시가 된다. 일찍부터 내가 좋아하는 것을 끝냈다는 만족감도 있지만, 사력을 다해 시간을 보낸 것 같은데 겨우 아침 9시밖에 되지 않은 걸 보면서 '시간을 정말로 깨알같이 썼구나.' 하는 생각에 괜히 뿌듯해진다. 새벽 기상이 가져다준 소소한 즐거움에 감사할 뿐이다.

새벽 일상을 마치고 나면 이제 아이들과 놀아줘야 하는 숙명을 받아들이며 가족과 시간을 보낸다. 주말이 되어도 우리 가족은 늦잠 자는 법이 없다. 이른 시간부터 분주히 움직이는 나 때문인지는 모르겠지만, 운동이 끝나고 집에 들어서면 이미 아침 식사를 마치고 자신들만의 시간을 보내고 있다. 그래서 나는 주말에 일찍 깨어 있는 가족과 무엇을 할 것인지 계획하고 찾아봐야 한다. 특별한 일이 없는 한 대부분 집 밖에서 많은 활동을 하려고 노력한다. 가까운 산을 오른다거나, 근처에 절과 같은 장소를 찾아 걷기도 한다. 아니면 재래시장을 구경하면서 음식을 사 먹기도 한다. 무엇보다도 우리 가족은 캠핑을 9년 동안 즐기고 있다. 참 많이 다녔다. 아이들이 어렸을 때부터 캠핑을 경험하면서 밖에서 보냈던 시간이 많았다. 그래서 아이들은 아직도 캠핑 가는 날을 손꼽아 기다린다.

나는 새벽에 일어나기 시작하면서 내게 주어진 시간이 엄청 길다고 느낀다. 그만큼 즐길 시간이 더 많아졌다는 의미일 것이다. 주말에도 새벽에 일어나면서 더 힘차고 즐겁게 생활하고 있다. 평소 새벽 기상이 힘들다는 핑계로 주말에 오랫동안 잠을 자려고 하지 않는다. 규칙적인 일상을 즐기고 있기 때문에 굳이 주말이라고 더 많은 잠을 청할 필요가 없다. 주말일수록 더 일찍 일어나고 더 많이 즐기고 있다.

더 많이 즐기려면 새벽에 일어나야 한다. 일찍 일어날수록 자신에게 주어지는 시간이 많아지고 더 많은 것을 할 수 있다. 일찍 일어난다고 해서 잠자는 시간이 절대적으로 부족하고 피곤할 것이라는 걱정을 할 필요가 없다. 늦게 잠자리에 들기 때문에 일찍 일어나지 못한다는 기본적인 사실을 잘 지키면 된다. 오히려 일찍 하루를 시작하게 되면 더 활기차고 즐거운 생활이 가능하다.

일찍 자면 일찍 일어나게 된다. 새벽 기상은 일찍 자면 얼마든지 가능하다.

> 더 많이 즐기려면 새벽에 일어나야 한다.
> 새벽 기상은 일찍 자면 얼마든지 가능하다.

새벽 기상에도
준비가 필요하다

　새벽에 일어날 동기를 찾았다면 이제 실천만 남았다. 새벽에 일어나는 것이 선뜻 내키지 않을 수도 있다. 일찍 일어난다고 해도 정신을 깨우기까지는 노력이 필요한 게 사실이다. 나는 새벽에 몸을 일으키긴 했지만, 완전히 깨어 있지 않은 채 꿈속에서 뭔가를 하고 있을 때가 많았다. 처음 새벽 기상을 결심하면서 일찍 운동해봐야겠다고 다짐했지만, 나도 모르게 몇 개의 알람들을 꺼버리고 일어나지 못했다. 허탈해하는 경우가 잦았는데, 꿈속에서 운동을 그렇게 열심히 하고 있었던 것이었다. 사실은 나는 여전히 이불 속에 있었지만, 정말 기억도 생생하다. 가끔은 정말 운동한 것처럼 몸이 쑤셔올 때도 있었다. 의지는 있지만 몸이 따라주지 않는 사람들은 이런 경험을 한두 번씩은 겪어봤을 것이다.

　새벽에 잘 일어나는 사람들은 제때 일어나려고 자신만의 환경을 만들기도 하고, 온전하게 잠을 깨우기 위해 자신만이 하는 행동을 가지고 있다. 나도 일찍 일어나기 시작하면서 자연스레 나만의 잠을 깨우는 행동들을 매일같이 하고 있다. 시행착오를 통해서 습득하기도 했고, 어떻게 일찍 일어날 수 있을지 고민을 한 결과 나만의 방법을 찾았다.

새벽에 빨리 적응하려면

나는 매일 새벽에 일어나면 빨리 잠에서 깨려고 몇 가지 행동을 먼저 한다. 아주 단순한 행동이지만 내가 일어나는 데 있어서 꼭 거치는 의식이다.

1. 기지개 펴기

일어나자마자 하는 일이다. 누운 채로 양팔과 양다리를 쭉 펴는 동작과 더불어 목도 천천히 돌려보기도 한다. 그러고는 절하듯이 몸을 만들고 양팔을 바닥과 함께 앞으로 늘리면서 근육을 이완시킨다. 그다음에는 일어나서 어깨에 가볍게 반동을 주고 좌우로 돌리며 가벼운 스트레칭을 한다. 나이가 들면 이런 스트레칭을 자주 해주어야 한다고 한다.

2. 물 마시기

나는 일어나자마자 곧장 물을 마시러 간다. 매스컴에서 아침 공복에 물 마시는 게 좋다는 내용을 본 적이 있어서 따라 하는 이유도 있지만, 물을 마시면 잠이 빨리 깬다. 그래서 큰 컵에 물 한 잔을 마신다.

3. 이불 개기

우리 집에는 침대가 없다. 그래서 일어나자마자 이불을 개야 하는 번거로움은 있다. 이불을 개는 행동이 새벽에 일어나서 가장 먼저 수행하는 격한 움직임 중의 하나다. 겨울에는 많은 이불을 개다 보면 운동 아닌 운동이 되기도 한다.

4. 신문 가져오기

나는 꽤 오랫동안 신문을 받아보고 있다. 현관 앞에 배달된 신문을 가지고 오는 것은 나의 임무다. 현관 앞 신문을 주우면서 날씨가 얼마나 추운지 알 수 있고, 복도의 창문을 통해 비가 오는지도 확인할 수 있다. 새벽 운동을 나가기 위해 날씨를 살펴보는 것이다.

5. 과일 먹기

아침의 사과는 보약과 같다는 말을 자주 들어왔다. 다이어트를 하면서 생긴 습관이긴 하지만, 요즘에도 약간의 사과를 섭취한다. 새벽 운동하러 나갈 때 사과를 먹으며 가기도 하고 책을 보다가도 배고픔을 느낄 때도 자주 먹는 편이다.

　나는 이러한 간단한 방법으로 잠을 쫓아버리고 있다. 새벽에 일어나기 시작하면서부터 가지게 된 나만의 습관이다. 쉽게 일어나는 사람들의 경우에는 특별한 예열작업 없이 벌떡 일어날 수도 있겠지만, 나는 새벽에 일어나 본격적인 활동을 하기 전에 이런 의식 아닌 의식을 하면서 빠르게 정신을 차리고 있다.

미리 준비하는 태도가 필요하다

　새벽에 일어나 정신을 차리기 위해 평소 행동하는 것이 무엇인지 얘기했다. 이와 함께 나는 해야 할 일을 꾸물거리지 않고 바로 시작하려고 미리 나만의 환경을 만들었다. 새벽 운동을 하러 나가게 되는 경우 늦지 않으려고 미리 체육복을 입고 잔다든가, 책상에서 해야 하는 작업이 있다면 자기 전에 책상을 깔끔하게 정리하고 필요한 것을 세팅해둔다. 새벽에 일어나서 바로 시작할 수 있도록 전날 미리 준비해두는 것이다. 이렇게 하지 않으면 어영부영 새벽 시간을 허비하게 된다. 새벽에 운동을 가야 하는데 운동복이 어디 있는지 몰라 헤매기도 하고 마음먹고 책상에서 필요한 작업을 하는데 어수선한 책상이 눈앞에 펼쳐져 있으면 정리 정돈을 하다가 소중한 새벽 시간을 허비하고 만다. 계획한 것을 아무것도 하지 못한 채 시간만 흘러가는 걸 경험하면서 짜증냈던 기억도 있다. 정말 힘겹게 일어났는데 시간을 많이 허비해서 속상한지 모른다. 그래서 나는 그 전날 충분한 준비를 끝내놓고 잠을 청한다.

　새벽에 일어나 시간을 효과적으로 이용하는 게 중요하다. 새벽에 일어난다는 사실도 대단한 일이기는 하지만, 어떻게 하면 빨리 잠에서 깨어날 수 있을지, 일어나자마자 바로 시작하려면 어떻게 해야 할지도 고민해봐야 한다. 그래야만 새벽에 일어나서 시간을 허투루 써버리는 안타까운 상황을 벗어날 수 있다. 새벽에 일어났다면 제대로 해야 한다는 생각으로 취침 전에 미리 만반의 준비를 해두자.

　새벽 기상에도 준비가 필요하다. 그러면 더 많은 것을 얻을 수 있다.

새벽 기상의 준비는 그 전날 미리 해둔다.
잠에서 깨기위한 루틴을 만들어라.

새벽에 일어나면
비로소 느끼는 것들

　젊은 시절, 술을 많이 그리고 자주 마시면서 귀가하는 시간도 많이 늦었다. 그것도 아주 늦은 새벽이 되어서야 귀가하는 경우가 허다했다. 아니, 정상적으로 일어나는 사람에게는 이른 새벽이라 하는 게 맞겠다. 어쨌든 새벽 4시나 5시쯤 귀가하다 보면 다양한 모습을 보게 된다. 술에 취해 갈지(之)자로 걸어가는 사람이라든지, 아무도 없는 허공에 고래고래 소리 지르는 사람을 보기도 한다. 때로는 사람들끼리 승강이를 벌이는 모습도 자주 목격하게 된다. 대부분 술을 많이 마신 사람들이 보여주는 이상한 풍경들이다. 나도 무의식중에 술을 마시고 늦게 들어가면서 저랬던 건 아닐까 하는 생각에 과거의 기억을 곰곰이 되살려보기도 한다.

　이런 진기한 풍경을 뒤로하고 집을 향해 걷다 보면, 술을 마시지 않고 분주하게 움직이는 사람을 볼 수 있다. 길을 깨끗하게 쓸고 있는 청소부 아저씨다. 나는 그날도 술을 마시고 새벽 공기와 함께 힘겹게 발걸음을 옮기고 있다가 청소부 아저씨와 눈이 딱 마주쳤다. 그때 아저씨의 눈빛을 아직도 잊지 못한다. 그 아저씨의 눈빛은 '젊은 사람이 왜 저렇게 술을 퍼마시고 다닌대? 참 정신 못 차렸군!'이라며 나를 아래위로 훑어보는 듯했다. 나를 정말 한심하게 바라보는 눈빛. 정말 내가 민망할 정도였다. 너무 부끄러워서 그 자리를 벗어나려고 빨리 도망치듯 집 방향으로 발걸음을 옮겼다. 그리고 집 앞에 와서 신문 배달하는 분을 만났다. 당시에도 우리 집은 신문을 구독했는데, 신문이 배달되는 그 시각에 나도 집에 들어갔다. 아저씨가 신문을 놓고 돌아서서 내려가려고 할 때 올라가는 나와 마주쳤고 서로 깜짝 놀란 적이 있었다. 이런 경험 때문에 술을 마신다고 하면, 아내는 나에게 자주 농담을 건넨다. "제발 새벽에 신문하고 같이 들어오지 마! 신문보다는 일찍 와야지?"

새벽 기상을 시작한 지 10년이 넘어가고 있다. 술을 마시고 새벽에 귀가하던 기억도 이제는 가물가물하다. 예전과는 다르게 지금은 멀쩡한 정신으로 새벽을 맞이하고 있다. 운동을 하려고 밖으로 나가보면 이른 시간부터 운동하는 사람들을 많이 본다. 참 열심히 사는 사람이 많다. 그래도 어린 친구들이 술을 거하게 마시고 지나가는 모습을 심심찮게 본다. 그들을 보고 있으면 새삼스레 과거의 내 모습이 떠오른다. 왜 그렇게 새벽까지 술을 마시며 다녔을까 하는 생각에 저절로 피식 웃음이 나오기도 한다. 지금이라도 새벽 기운을 느끼며 알 새벽에 일어났다면 이미 변화를 위한 도전이 시작된 것이다.

분명히 많은 변화를 경험할 것이다.

이제 시작하기만 하면 된다.

새벽이 주는 기운을 느낄 것이다.

찬 시간을 보내고 있다는 게 얼마나 다행인지 모른다.

새벽이 나에게 준 선물

나는 새벽 기상의 습관을 좀 더 일찍 시작했더라면 더 많은 변화를 가질 수 있었을 텐데 하는 아쉬움을 가지고 있다. 나이가 들수록 과거에 대해 후회하는 일이 많아진다고 하는데, 나에게 있어서 새벽 기상이 바로 그런 것이다. 새벽 기상을 시작하면 좋은 변화를 경험할 수 있다는 사실을 너무 늦게 알았기 때문이다. 정말 새벽 기상은 나를 많이 변화시켰다.

새벽은 나에게 많은 것을 가져다주었다

첫째, 중년의 나이지만 오랫동안 즐길 수 있는 취미를 가지게 되었다. 젊은 시절 나는 즐기는 취미가 없었다. 술을 마시는 일밖에 할 줄 몰랐다. 하지만 새벽에 일어나기 시작하면서 테니스라는 운동을 취미로 가지게 됐다. 아직 테니스 실력이 좋지는 않지만, 테니스로 시간을 보내는 일상이 나를 무척 활기차게 만들어준다. 취미를 가지기 시작하면서 내 삶은 상당히 열정적으로 변했다. 그래서 새벽에 일어나는 것이 더 즐겁다. 취미가 삶을 윤택하게 만들 수 있다는 사실을 새삼 느끼게 되었다.

둘째, 형편없던 영어 수준을 올렸다. 영어를 새벽에 하게 된 것은 꽤 오래전부터다. 알파벳밖에 모르던 내가 영어 대화가 가능하게 된 것은 모두 새벽 시간 덕분이다. 새벽에 일어나 연습에 연습을 거듭하면서 생긴 결과다. 내가 새벽 시간을 제대로 사용했기 때문에 가능했던 일이다.

셋째, 가정생활에 충실하게 되었다. 나는 새벽 시간을 충분히 이용하고 난 뒤 남는 시간은 가족과 함께하고 있다. 덕분에 아이들도 좋아하고 밝아졌다. 매일같이 술을 마시고 다닐 때는 가족과 함께 저녁 식사를 해본 기억이 많이 없었다. 그래서 서먹서먹했던 기억이 많다. 하지만 새벽 기상을 시작하면서 가족과 하는 시간이 많아졌다. 이것이 가족과의 관계를 많이 탈바꿈시켰다.

넷째, 정신적인 측면에서 발전했다. 나는 목표를 하나씩 이루어가면서 자신감 넘치는 인생을 살고 있다. 새벽부터 일어나 다이어트를 성공적으로 이루어나갔을 때 얼마나 당당함을 가지게 되었는지 모른다. 도전하더라도 실패할 수 있다는 생각이 들지 않는다. 나에게 가장 의미 있는 변화다.

새벽에 일어나면서 이룰 수 있는 게 참 많다, 새벽에 기상하는 행동은 자신의 삶을 변화시키겠다는 의지의 표현이다. 다시 말해, 좀 더 도전적이고 적극적으로 살아보겠다는 의미다. 그래서 새벽에 일어났다면 이미 변화를 위한 도전이 시작된 것이다. 분명히 많은 변화를 경험할 것이다. 나는 새벽 기상을 지속하면서 새롭게 도전하는 것을 아직도 이어가고 있다. 지금도 새벽에 일어나 책을 쓰는 도전을 하고 있다.

새벽은 삶을 긍정적으로 바꾼다. 이제 시작하기만 하면 된다. 새벽이 주는 기운을 느낄 것이다.

새벽에 일어나면서 이룰 수 있는 게 참 많다,
새벽에 일어났다면 이미 변화를 위한 도전이 시작된 것이다.

나이가 들어도
외국어가
경쟁력이다

Part 3

세 번째 경험

영어 앞에만 서면
작아지던
외국계 사원이

해외 출장 1순위가 되다

운은
오래가지 않는다

나는 외국어 공부를 남들처럼 열심히 해본 기억이 없다. 학창시절, 고시 생활을 하느라 영어를 남들처럼 공부할 생각을 하지 않았다. 영어는 기본 점수만 넘기면 되었기 때문이다. 그래서 객관식에 문제를 겨우 골라낼 정도의 실력이다. 수험생활을 끝낸 이후에도 토익을 응시해본 적도, 영어 회화학원도 다녀본 기억이 없다. 영어를 외면하며 살아왔다.

첫 직장은 정말 운 좋게 빠르게 취업했다. 전공으로 어느 정도 영어를 커버할 수 있었으니 말이다. 영어를 사용할 일도 거의 없어서 편하게 회사생활을 했다. 하지만 예상치 못한 권고사직으로 회사를 나와야 할 상황이 되면서 취업 시장에 던져졌을 때 항상 영어가 내 발목을 잡았다. 내가 맘에 두고 있던 큰 회사들은 영어인증점수를 원했고 성적이 없던 나는 당장 지원할 수도 없었다. 백수 생활 3개월 동안, 익숙하지 않은 영어인증점수를 획득하려고 백방으로 노력했다. 하지만 내 마음처럼 쉽게 되지도 않았다. 이미 결혼 일자가 잡혀 있어 결혼 전에 백수에서 벗어나야 한다는 생각이 컸다. 그래서일까. 마음은 급해지고 내가 원하는 일자리는 보이지 않아 답답하기 그지없었다. 이상하게도 내가 정말 입사하기를 원하는 회사들은 나를 철저히 외면하고, 내가 별 관심을 보이지 않는 회사들로부터는 함께 일해보자는 연락을 받았다. 이 때문에 자신감은 점점 떨어지고 있었다.

뜻이 있는 곳에 길이 있다?

우여곡절 끝에 두 번째 회사를 구하게 되었다. 재밌는 것은 그곳이 외국계 기업이라는 것이다. 내 영어 실력으로 외국계 기업에 입사하다니.

당시 면접관으로 외국인과 한국 사람이 들어왔다. 한국 사람은 나와 일할 팀장이었고, 외국인은 아시아 담당자였다. 나는 외국인을 보자마자 많이 당황했다. 외국인과 마주 앉아 대화하는 게 처음이라 시선을 어디에 두어야 할지도 몰랐다. 과거 유럽 배낭여행을 할 때 길을 물어보려고 잠시 외국인과 대화해본 게 전부인 나로서는 큰 시련이나 마찬가지였다. 참 난감했다. 하지만 면접이 곧 시작됐다. 한국분이 나에게 얘기했다. "묻는 걸 최대한 영어로 답변해봐요. 힘든 게 있으면 내가 옆에서 조금 도와줄게요." 그 말과 동시에 약 20분 동안 영어로만 진행되었다. 영어 인터뷰를 예상해서 속성으로 기본적인 질문 10개를 뽑아 정리해 달달 외웠었다. 열의를 가지고 직접 연습도 해보고 나름 철저하게 준비해갔다. 하지만 크게 도움이 되지는 않았다. 면접관의 질문에 길게 표현하며 답변할 수 없었다. 나의 대답은 그냥 단답형이었다.

"올 때 뭐타고 왔나요?"

"기차(Train)."

"오늘 기분 어때요?"

"좋습니다(Good)."

이런 식으로 대화가 오고 갔으니 면접관들이 얼마나 답답했을까. 식은땀을 흘리며 온갖 손짓, 발짓을 동원했다. 내 영어가 맞는지 틀리는지는 중요하지 않았다. 내 생각과 의사를 전달하는 데 총력을 기울였다. 그리고 전공과 관련된 부분을 설명할 때는 마침 화이트보드가 있어서 양해를 구하고 그림을 그려가며 단어를 끼워 맞추며 설명했다. 다행히도 전공과 관련된 단어 정도는 의미 전달에 성공한 것 같았다.

민망하기 짝이 없는 영어 실력으로 운 좋게 외국계 기업에 입사했다. 나중에 내가 왜 합격했는지 물어본 적이 있다. 전공에 대한 나의 지식과 경험이 마음에 들었다고 했다. 그리고 회사를 오래 다닐 사람으로 보인다고 곁들이긴 했지만 팀장님이 나를 참 안타깝게 봐서 합격시켜준 것만 같았다. 영어를 그렇게 망쳤는데 합격을 했으니 말이다. 어쨌든 영어에 대한 긍정적인 피드백이 없어서 못내 아쉬웠지만, 포기하지 않고 덤비니까 좋은 결과를 얻을 수 있었다. 물론 상당 부분 운이 작용하긴 했다는 사실을 부인하진 못하겠다.

운은 오래가지 않는다

외국계 기업을 처음 경험해보니 확실히 국내회사보다는 영어를 접하는 기회가 많았다. 하지만 상주하는 외국인이 있다거나 매일같이 영어 회의를 하는 것은 아니었다. 나도 늦게 안 사실이지만 외국계 기업에 다니는 사람이라고 모두 영어를 원어민처럼 잘하는 것은 아니다. 모든 직원이 영어가 수준급인 회사도 있지만, 어떤 기업은 매니저급에게만 높은 영어 실력을 원하고 나머지 직원에게는 그리 높은 수준을 요구하지 않는다. 이메일을 이용하는 경우가 많아 영어로 직접 커뮤니케이션을 할 기회가 사원에게까지 잘 오지 않기도 한다. 내가 입사한 회사는 후자에 가깝다. 그래서 나 같은 사람도 입사할 수 있었다. 하지만 외국계 기업에서 일하는 이상 영어에 대한 스트레스는 어쩔 수 없다.

나는 입사 후 약 6개월간 회사생활에 적응하느라 정신없었다. 하지만 이전 회사보다 업무가 많지 않았고 일과 삶의 균형을 맞추는 데는 꽤 괜찮은 회사였다. 그러면서 성과도 잘 내면서 마음 편하게 일하고 있었다. 이렇게 만족감을 가지고 회사생활을 하던 나를 심하게 흔드는 사건이 생겼다. 우리 팀장이 갑자기 나의 업무를 부하직원과 바꾸라고 지시했던 것이었다. 나에게는 상당히 자존심이 상하는 얘기였다. 팀장의 업무를 일부 맡아 한다든가, 프로젝트가 생겨 새로운 임무가 주어지는 특별한 경우가 아니고서는 보통 업무를 바꾸라고 하지는 않는데 이런 이야기를 난생 처음 겪다 보니 혼란스러웠다. 내가 뭘 잘못한 것일까? 내가 징계 또는 강등을 당한 것 같은 느낌을 지울 수 없었다.

나는 팀장의 지시를 쉽게 받아들일 수 없었다. 그래서 나는 팀장과 면담을 요청했다. 왜 업무를 바꿔야 하는지 너무 알고 싶었다. 나에 대한 평가가 괜찮았기 때문에 더욱더 예상치 못했던 일이었다. 하지만 팀장은 이유를 쉽게 얘기해주지 않았다. 나는 시원하게 알고 싶었다. 그래서 몇 번이나 식사나 커피를 대접하면서 최대한 친근감을 발휘했다. 마침내 나는 팀장이 왜 그렇게 지시했는지 결국 알게 되었다. 모두가 다 '영어' 때문이었다. 팀장의 말에 의하면, 내가 영어가 너무 안 되어서 더 많은 업무를 줄 수 없고 업무를 바꿔 일하면서 하나씩 익히라는 것이었다. 나는 영어를 못해 일을 그르친 기억이 없었는데 이런 피드백을 받으니 정말 당황스러웠다. 한편으로는 이해가 되기도 했지만, 또 다른 한편으로는 인정하고 싶지 않았다.

팀장의 이 한마디 때문에 나는 극심한 스트레스에 시달려야만 했다. 너무 자존심이 상했기 때문이다. 나는 매일같이 동료들과 술을 마시며 팀장에 대해 섭섭함과 불만을 털어놓기에 바빴다. 술자리에서는 누군가가 나를 이해해줄 것 같았고 그 사람들로부터 위로를 받고 싶었다. 나는 이때 정말 많은 술자리를 가졌다. 정말 가슴에 쌓인 게 많았고 서럽고 그랬다. 회사에서 일을 해도 힘이 나지 않았고 내 자신이 처량하게 느껴졌다. 회사생활은 점점 힘들어져 갔다. 매일 아침 눈을 뜨면 아내에게 하는 얘기가 "회사 가기 싫다. 계속 잠만 자고 싶다"라는 말이었다. 이런 말을 매일 듣는 아내와 옆에서 곤히 자고 있는 어린 아이에게 미안함이 컸고 참 무능력한 남편이자 아버지였다. 그때 아내와 아이가 아니었으면 힘든 상황을 극복할 엄두도 내지 못했을 것이다

이때 나는 행동을 잘못 취했었다. 입사를 하면 바로 부족한 영어 실력을 올리기 위해 열정적으로 달려들었어야 했다. 외국계 기업에서는 영어만 잘해도 절반은 대우받는다는 사실을 대수롭지 않게 생각했다. 운이 좋아서 입사를 했으면서도 아무 생각 없이 천방지축 놀면서 시간만 허비하고 있었던 것이 큰 실수였다. 나는 이 아픈 기억 때문에 항상 미리 준비하는 습관을 가지게 되었지만 이처럼 힘든 시기는 없었다.

내가 영어를 조금만 더 잘했더라면 팀장으로부터 신임을 얻을 수 있었을 것이고, 재밌게 회사생활을 즐길 수 있었을 것이다. 아니면, 정말 내가 원하는 회사로 이직해서 제대로 대우받으며 생활하고 있을지도 모른다. 결국 나는 부족한 영어 실력 때문에 많은 기회를 날려버렸다. 나는 이때 현실을 받아들이고 경쟁력을 갖추는 노력이 너무 미흡했다.

외국어는 경쟁력이다. 회사에서 일을 하면서 비슷한 능력을 발휘하고 있는 사람이 여럿이 있다면 결국 외국어가 좋은 사람에 힘을 실어줄 확률이 크다. 우리는 글로벌 시대에 살고 있기 때문이다. 외국계 기업이 아니더라도 외국어에 대한 중요성이 커지고 있는 이유다. '같은 값이면 다홍치마'라는 말처럼 '같은 능력이면 외국어 실력자'인 셈이다.

일만 잘하면 시대가 아니다. 외국어는 기본이다.

운으로 시작한 인생은 반드시 실력으로
입증할 시간이 온다. 그 실력 중에 외국어는 기본이다.

답답한 놈이
우물을 판다

나는 영어가 부족하다고 내 가치를 인정받지 못하는 현실을 받아들이기가 쉽지 않았다. 일을 잘하고 업무성과만 있으면 회사생활은 순탄하리라 생각했는데, 예상치 않게 영어 실력이 내 발목을 잡고 있다는 것을 알았을 때 어찌할 바를 몰랐다. 정말 머릿속이 복잡했다. '다른 회사를 찾아봐야 하나?'와 '영어를 공부해서 이곳에서 계속 버텨야 하나?'라는 선택에서 계속 갈팡질팡하고 있었다. 남들처럼 영어를 제대로 공부해본 적이 없어서 열심히 하더라도 실력이 금방 늘지 의문이었다. 그렇다고 무턱대고 회사를 옮기는 것도 너무 무모한 짓이었기 때문에 선뜻 시도하지 못했다. 나는 어떤 방법을 쓰든 닥친 상황을 빨리 떨쳐버리고만 싶었다. 시간이 갈수록 마음만 졸이고 있었다.

나는 결국 이직을 준비하려고 마음을 굳혔다. 나는 당장이라도 나를 인정해주는 회사로 옮기고 싶었다. 이직하려고 매일같이 이력서를 쓰고 면접을 시도했다. 하지만 그조차도 잘되지 않았다. 당시에는 이력서에 '외국계 기업 재직, 영어 가능, 업무 경험 좋음' 정도만 쓰고 경력을 잘 포장하면 면접의 기회는 얻을 수 있었다. 예상대로 나 또한 면접의 기회를 많이 얻을 수 있었다. 하지만 매번 면접에서 영어라는 벽을 넘지 못했다. 결국 많은 기업으로부터 최종 합격 통보를 받지 못했다. 당장 내가 떠나고 싶어도 실력이 없으니까 내가 선택할 수 있는 게 없다는 사실이 더 비참했다. 온통 머릿속에는 어떻게 하면 이곳을 빠져나갈 수 있을까 하는 생각으로 가득 차 있을 뿐이었다.

나는 '회사를 떠나는 건 내 의지에 의한 것이어야 한다'는 생각으로 회사생활을 했다. 내가 첫 직장에서 어쩔 수 없이 떠나야만 했던 상황을 겪고 나서 가지게 된 생각이다. 나는 그 당시에 정말 큰 좌절감과 굴욕감을 경험했다. 그런데 두 번째 직장에서도 이런 꼴을 당할 위기에 처해 있었다. 나는 이미 첫 직장생활에서의 교훈을 싹 잊어버린 채 살고 있었다. 나에게 찾아온 어려움을 극복하기보다는 도망치거나 피하기에 급급했던 내 모습이 이전과 별반 달라진 게 없었다. 나는 지금의 직장에서 내 의지로 당당하게 퇴사하고 싶었다. 무엇보다도 내가 성공적으로 이직하면서 회사에 남은 사람들로부터 부러움의 대상이 되고 싶었다. 나는 더 이상 쫓겨나듯이 회사를 떠나고 싶지 않았다.

처음으로 돌아가라

내가 급선무로 해결해야 할 일은 영어 실력을 올리는 것이었다. 내가 원하는 회사로 이직하려고 해도 영어 실력을 갖추어야 했고 현재의 회사에서 인정받기 위해서라도 영어가 필수적이었다. 나에게는 선택의 여지가 없었다. 어떻게든 영어 실력을 올려야 했다. 나는 외국계 기업에서 내 경력을 계속 이어가길 원했기 때문에 무조건 영어를 잘해야 하는 상황이었다.

막상 영어 공부에 매진하려고 했지만, 무엇을 어떻게 해야 할지 몰랐다. 나는 주변에 있는 영어 실력자들에게 자문을 구했다. 참 방법은 다양했다. 어떤 친구는 팝송을 외우면서 공부했다고 해서 나도 시도해봤다. 노래를 따라 부르면서 표현을 암기하기도 했지만 이내 흥미를 잃어버렸다. 가사를 보면서도 따라 하는 게 너무 힘들었고 무슨 의미인지 몰라 더 짜증이 날 뿐이었다. 그리고 누군가는 미국 드라마를 보면서 영어 실력을 많이 늘렸다고 했다. 그래서 나도 똑같이 해봤다. 그런데 영어 공부를 한다기보다는 자막을 보면서 드라마 내용에 심취해 있었을 뿐이었다. 영어 실력이 그리 올라가지는 않는다. 팝송을 듣거나 드라마를 즐겨보는 사람에게는 괜찮은 방법이었을지는 모르겠지만 기초가 충분하지 않은 나에게는 너무 힘겨운 방법이었다. 그래서 나는 더 쉬운 방법을 찾기 시작했다.

나는 내가 영어를 처음 시작했을 때를 떠올렸다. 그때가 언제였을까. 바로 중학교 1학년이었다. 곧장 나는 중학교 1학년 영어 교과서를 샀다. 중학교 1학년 영어의 초반부에는 정말 쉬운 내용이 많았다. 누구나 다 알고 있는 '굿모닝(Good Morning)'부터 부담 없이 시작했다. 아무리 쉬워도 건너뛰지 않았다. 반드시 소리 내서 발음해보고 그 다음으로 넘어갔다. 하지만 뒤로 갈수록 조금씩 나는 좌절했다. 나는 그 당시 수량형용사를 제대로 말하지 못해 고생했던 때를 기억한다. "너희 반에는 얼마나 많은 학생이 있니?"를 영어로 옮기는데 어떻게 해야 하는지 몰랐다. "How many students are there in your class?"를 제대로 말하기까지 상당한 시간이 필요했다. 정말 입에서 잘 떨어지지 않았다. 나는 외우고 잊는 것을 수도 없이 반복했다. 이렇게 수많은 반복을 하니까 비로소 비슷한 말이 나오면 이 문형에 끼워 맞춰 얘기할 수준이 되었다.

나는 쉬운 기본 문형을 말하고 외우기를 반복했다. 암기가 잘되지 않는 내용이 있으면 작은 노트에 적었고 지하철을 타면서도 이 노트를 보면서 말하면서 외우기를 반복했다. 혹시라도 누가 이 쉬운 내용을 보면 어쩌나 싶어 노트를 꼬깃꼬깃 구기면서 암기했고, 내가 암기하는 소리를 누가 들을까 봐 혼자 중얼거리면서 눈치를 봤다.

이렇게 중학교 1학년 영어책을 달달 외운 후에는 이와 비슷한 수준의 라디오 영어방송도 청취하기 시작했다. 이 내용들도 말하고 외우기를 반복했다. 나의 영어 공부는 이렇게 시작되었다. 쉬운 내용이라도 계속 반복하고 내뱉을 수 있도록 연습했다.

발품을 팔다

영어 초보자로서 꾸준하게 공부하고 있었지만, 영어 대화 실력은 턱없이 부족했다. 평소 꾸준하게 학습을 통해 지식을 쌓고 있더라도 내가 공부한 것을 밖으로 표출할 수 있는 경험이 필요했다. 그래서 나는 영어를 말할 대상을 찾아야 했다. 외국인 강사와 영어 수업을 하고 싶었지만, 지레 겁을 먹고 학원에 갈 생각을 하지 못했다. 나보다 실력자들과 수업을 하게 되면 그들에게 방해가 될 것 같았고 대화하는데 혼자만 못 알아들어서 부끄러움을 당할 것 같았다.

그래서 나는 학원 강의 대신에 영어모임에 참석하려고 했다. 한국인끼리 모임을 만들어서 공부하면 좀 낫지 않을까 하고 생각했다. 지인 중에 영어를 잘하는 어떤 사람은 나에게 진지하게 충고도 해주었다. "한국인끼리 영어모임 해봤자 절대 늘지 않는다. 모르는 내용이 나오면 콩글리시로 대화할 거다. 이상한 말을 내뱉어도 한국인이기 때문에 금방 이해한다. 이게 무슨 영어냐?"라고. 맞는 말이었다. 하지만 이런 걱정은 내가 영어가 일정 수준이 되었을 때 고민해야 할 문제이지 지금은 남의 얘기라고 생각했다. 기본적인 문장도 내뱉지 못

하는 내가 콩글리시를 운운할 단계는 아니라고 생각했다. 나는 사람들에게 입을 뗄 수 있는 자신감을 얻고 싶었을 뿐이었다. 뭐라도 자주 내뱉다 보면 좀 낫지 않을까 싶었다.

나는 결국 인터넷 카페를 통해 영어모임을 찾으려 했지만 나와 맞는 모임을 찾지 못했다. 그래서 고민 끝에 내가 모임을 직접 만들어버렸다. 평소 나서는 걸 즐기지 않는 나로서는 대단한 결심이 아닐 수 없었다. 주말 오후에 3시간 동안 공부할 사람을 찾는다고 공지를 띄웠다. 그렇게 부랴부랴 모집했음에도 6명이나 모였다. 나는 아무도 없을까 봐 걱정을 많이 했었다. 참 다행이었다. 이렇게 영어모임이 결성되었고 어떤 방법으로 공부할지 의견을 모았다. 그리고 나는 얼떨결에 리더가 되었다. 내가 하지 않으면 모임이 없어질 판이었으니 내가 해야 하는 건 당연했다. 답답한 놈이 우물을 파는 것 아니겠는가. 덕분에 나는 매주 공부할 내용을 만드는 것은 물론, 인원을 파악해서 공부하는 장소까지 예약하는 일을 도맡아 했다.

나는 이 모임을 약 2년에 거쳐 운영했다. 다른 지역으로 이직하면서 모임의 활동을 관두어야 했지만 그때까지 참석하는 인원이 24명이나 되었다. 참석하는 사람들의 실력이 다양했고 참석하는 인원도 많아지다 보니 반을 2개로 나누어 운영했다. 나는 자료도 수준별로 나누어 두 종류로 준비했다. 모임의 규모가 커지고 사람이 많아질수록 자료의 질을 높이고 알찬 내용으로 만드는데 더 많은 시간이 들었지만 피곤한 줄 몰랐다. 오히려 모임이 있는 주말을 손꼽아 기다리며 하루하루를 활기차게 생활할 수 있었다. 나는 당시에 자료를 만들고 준비할 때 설렜던 감정을 잊을 수 없다. 영어를 공부하는 게 그렇게 재밌을 수가 없었다.

나는 영어모임에서 대화하는 기회를 가지는 것만 해도 도움이 많이 되었지만, 모임에 쓸 자료를 만들면서 더 빨리 실력이 많이 늘었다. 매주 어떤 내용으로 구성할지 고민을 거듭했고 항상 새로운 방식을 연구했다. 모임에 참석하는 사람들이 만족할 만한 내용을 찾으려고 최선을 다했다. 완성도를 높이기 위해 영어책이나 잡지를 사보기도 하고, 다른 모임에서 공유된 자료들까지 가져와서 모임에 잘 쓰도록 편집했다. 나는 자료를 더 완벽하고 알차게 만들면서 많은 공부를 할 수 있었다. 마치 내가 영어 강사가 된 것처럼 철저하게 준비해서 모임에 참석했다.

내가 리더였기 때문에 모임이 시작되면 연단에 나가서 참석자들에게 인사말이나 반가움을 영어로 표현했다. 새롭게 참석하는 사람들에게 긴장을 풀어주기 위한 노력도 곁들였다. 매 주마다 사람들 앞에서 3분 정도 얘기할 내용을 준비했는데 모든 내용을 외워서 대본을 이용하지 않았다. 마치 연설하듯이 제스처, 표정과 눈 맞춤을 적절히 섞어가면서 멋짐을 폭발시키고 싶었던 욕심이 있었기 때문이었다. 리더라는 사람이 형편없는 영어 실력을 보이면 좀 민망하지 않겠는가? 그래서 나는 최대한 능수능란하게 발표하려고 준비했다. 이것이 내 영어 실력이 일취월장하게 늘었던 이유였다. 다시 말해, 주도적으로 활동했기 때문에 가능했던 일이었다. 내가 리더를 맡지 않았다면 이렇게 빨리 실력이 늘지 않았을 것이다.

내가 열성적으로 영어모임을 만들고 참여한 지 11개월 정도 되었을 때 나의 영어 실력이 한 단계 성장했음을 느낄 수 있었다. 어느 날, 회사에 방문한 외국인과 대화하는데 그들의 얘기가 예전과 다르게 너무 잘 들리는 게 아닌가. 나는 정말 놀랐다. "영어가 들린다는 게 이런 느낌이었구나!" 태어나서 처음으로 느껴보는 감정이었다. 완벽하지 않았지만, 영어 대화가 가능했다는 사실만으로도 대성공이었다.

처음 영어를 배우기 시작했던 때로 돌아가라. 기본부터 차근차근 해보라. 너무 쉬운 영어를 공부하고 있다고 자격지심을 가질 필요는 없다. 얼마 지나지 않아 영어로 대화하는 자신을 볼 것이다. 익힌 내용을 자꾸 내뱉으며 연습해라. 영어를 내 것으로 만들려면 뒤로 숨지 말고 앞에 나서서 부딪쳐라. 나는 영어모임에서 리더를 맡으면서 남들보다 더 열정적으로 영어 공부를 할 수 있었다. 연단에서 대본 없이 발표하는 것도 서슴지 않았다.

주도적인 자세가 있으면 영어로 대화할 날이 더 빨리 다가온다.

처음 영어를 배우기 시작했던 때로 돌아가라.
숨지 말고 앞에 나서서 부딪쳐라.

자신감이
절반이다

　나에게는 외국인과 부딪치는 일이 상당히 부담스러운 업무 중 하나였다. 회사에 외국인이 오면 가끔 공항까지 마중 나가고 매번 호텔까지 출퇴근을 시켜주었다. 하지만, 그 짧은 시간에도 대화를 이끌어가기가 쉽지 않았다. 이럴 때마다 정말 가시방석에 앉아 있는 듯했다. 외국 사람들은 나를 배려해 아주 쉬운 수준의 영어를 사용해 친근감을 표현했지만, 나는 제대로 답변하거나 생각을 표현하지 못했다. 겨우 단답형으로 얘기하며 상황을 모면할 뿐이었다. 영어가 능숙한 사람들은 한국에 대해 많은 것을 알려주기도 하고 개인적인 일도 얘기하며 재미난 시간을 보내지만 나는 그런 게 익숙하지 않았다. 정말 '영어 울렁증'이 심했다.

　나같이 영어를 자주 이용할 기회가 없는 사람들은 외국인 얼굴만 봐도 침을 꼴깍 삼키기 마련이다. 그들이 질문을 하게 되면 답변을 해야 하는데 '내 발음이 이상해서 알아들을 수 있을까?' '내가 하는 말을 이 사람들이 이해 못 하면 어쩌지?'라는 생각부터 하게 된다. 모든 것이 자신감이 없어서 시작되는 일이다. 나처럼 외향적이지 못한 사람은 정말 어려운 일이다.

나의 성격과 전혀 다른 사람이 있었다. 그는 꽤 친분이 있는 회사 동료인데 성격이 참 쾌활했다. 그는 짧게 어학연수를 다녀온 경험이 있었지만, 그곳에서 랭귀지스쿨을 제대로 다녀본 적은 없었다. 경제적 사정이 여의치 않아 현지에서 일하면서 생활영어를 조금 접했던 사람이었다. 하지만 그는 영어를 곧잘 했다. 누구나 알아들을 수 있는 쉬운 문장을 사용했다. 의사소통도 완벽했다. 그런데 재미난 건 발음이 나보다도 더 형편없었다. 영어를 잘 모르는 내가 들어도 외국인들이 이해할까 싶을 정도의 발음을 구사하고 있었다. 장난삼아 "외국물 좀 먹었으면 현지인처럼 발음해야 하는 거 아닌가?"라며 말하면 그는 농담 반 진담 반으로 "내 발음이 대한민국 표준이다. 다 알아듣고 말하면 됐지. 뭐가 더 필요하나?"

그는 항상 쉬운 영어로 유머러스하게 대화를 능수능란하게 했고 자신이 의도하는 대로 대화를 이끄는 능력이 있었다. 그가 영어를 하는 모습을 보면 볼품없어 보였지만 대화는 너무 잘 이루어지고 있었다. 그는 영어를 쓸 때 부끄러워하는 법이 없었다. 참 당당했다.

그렇다. 언어는 소통이 먼저다. 어떻게 하면 대화가 잘 될지를 생각해야 했는데 나는 전혀 그러지 못했다. 수단과 방법을 가리지 않고 대화를 하려고 덤비는 자세를 가져야 한다. 완벽함보다는 소통이 먼저다. 잘못된 외국어를 써도 그걸로 선생님처럼 교정하자고 덤비는 외국인은 없다. 그냥 우리 스스로가 민망함을 극복하고 있지 못하고 있는 것이다.

배운 것은 써먹어야 한다

나는 영어모임을 만들어 적극적인 자세로 임하면서 영어 실력을 많이 늘렸다. 영어모임의 활동을 하면서 조금 더 영어 대화를 하고 싶은 욕심이 생기기 시작했다. 그래서 인터넷 카페를 뒤지면서 온라인으로 대화하는 모임을 찾았다. 처음 온라인으로 대화를 하는 것이라 긴장되었다. 오프라인에서 대화할 때는 상대방의 표정이나 몸짓을 보면서 무슨 말을 하려는 것인지 예상할 수 있지만 온라인에서는 전혀 불가능했기 때문에 상당히 긴장했다. 또 쓸데없는 걱정을 했다. '나 때문에 영어공부가 잘 안 되는 거 아냐?'라며.

그래서 무작정 프리토킹을 하는 모임 대신, 책이나 교재를 이용해서 공부하는 온라인 모임을 먼저 찾았다. 한 시간을 공부하면 그중 30분은 교재를 이용했고 나머지 30분은 하고 싶은 말을 해보는 방식이었다. 나는 이렇게 매일 한 시간을 이 스터디에 참여했다.

이때까지만 해도 나에게 온라인 영어모임의 목표는 매일 공부하는 표현을 몇 개라도 써먹어보는 것이다. 교재를 가지고 온라인 모임을 가졌을 때 그 책에 나오는 문장이나 표현을 꼭 두 개씩은 적용해서 말하려고 노력했다. 사용할 표현을 만들어보는데 원활한 대화를 위해 가끔 거짓말을 섞었다. 비록 꼬리에 꼬리를 물고 거짓말이 계속되긴 했지만 영어로 말을 만들어가는 연습을 할 수 있어서 만족스러웠다. 몇 개월 동안 이렇게 연습하면서 영어 사용에 두려움이 줄었고 어려운 주제를 가지고 프리토킹을 하는 공간을 찾게 되었다. 동시에 외국인 강사가 있는 영어학원을 찾아가는 자신감을 가질 수 있었다.

나는 혼자서라도 말을 내뱉는 시도를 계속했다. 나는 내 영어 발음을 녹음해서 자주 들었다. 내가 어떤 발음을 하고 있는지, 사람들이 과연 내 말을 알아들을 수 있을까 하는 의문이 생겨서 처음 시작해봤다. 나의 영어 발음을 듣고 있노라면 상당히 민망했다. 평소 한국말을 하는 내 목소리를 듣고 있어도 뭔가 맘에 들지 않았다. 말이 빠르고 비염 섞인 목소리를 가지고 있어서 상대방에게 명확하게 전달되지 않는다고 느낄 때가 많았는데 막상 영어로 들으니 더 심했다. 그래서 나는 내 말을 녹음하고 맘에 들지 않으면 계속 반복해서 교정해보려고 부단히 노력했다. 처음에는 이렇게까지 해야 하나 싶은 생각이 들긴 했지만 그래도 마음에 들 때까지 계속 반복했다. 덕분에 긴 문장을 자연스럽게 외울 수 있었다. 단순히 내 발음을 교정하고 싶었을 뿐이었는데 그렇게 긴 문장을 외우면서 녹음하게 되었으니 일석

이조의 효과를 누렸다.

　나는 이처럼 꾸준하게 영어공부를 하면서 밖으로 표출하는 작업도 멈추지 않았다. 혼자서 큰 소리로 내뱉을 때도 있고, 온라인이나 오프라인 모임에 참여하면서 영어를 자주 접할 수 있었다. 이런 경험이 더할수록 영어 대화가 더 원활하게 이루어졌다.

　영어는 많이 부딪치고 경험해야 한다. 꾸준하게 공부하는 것도 중요하지만 써먹어야 자기의 것이 된다. 상대가 한국인이냐, 외국인이냐가 중요한 건 아니다. 우리는 빨리 영어울렁증을 떨쳐내는 게 목표다. 누구든지 나에게는 좋은 연습상대가 될 수 있다. 연습상대와 내가 공부한 것을 써먹어보려고 심혈을 기울여야 한다. 필요하다면 거짓말을 해서라도 멋지게 표현해봐야 한다.

　영어 대화가 부담 없이 느껴져야 한다. 이게 바로 자신감이다.

영어는 많이 부딪치고 경험해야 한다. 공부하는 것도 중요하지만 직접 연습상대를 찾아 영어를 써먹어라.

영어에는 왕도가 없다!
진짜다!

나는 누구나 영어로 대화하는 것은 가능하다고 믿는다. 하지만 영어 공부를 하다 보면 자신이 하는 방법이 맞는 것인지 확신이 서지 않는다. 빨리 실력이 늘지 않기 때문이다. 그래서 이런저런 방법을 다 시도해본다. 시행착오를 많이 겪기도 한다. 내가 어떻게 공부했는지를 회상해보면 시행착오는 어쩔 수 없는 과정인 것 같다. 아니, 시행착오를 통해서 많은 걸 배우게 된다.

첫 번째로 했던 방법이 중학교 교과서였다. 중학교 책은 그래도 부담이 적었다. 하지만 반년 동안 교과서에 나오는 부분을 외우고 암기하기를 수없이 반복했다. 교과서만 들여다보면 싫증이 날 때가 있다. 이럴 때마다 나는 다양한 잡지를 읽었다. 미국 연예인 이야기가 담겨 있는 잡지라든지, 짧게 구성된 영어 만화책을 읽었다. 그림이나 사진을 보면서 기분전환을 할 수 있어서 자주 이용했다.

영어 교과서를 반복하면서 수준이 조금은 올라온 것 같았다. 그 이후에는 영어 교과서 대신 라디오 영어방송을 들으면서 공부를 했다. 매월 새롭게 교재가 나왔기 때문에 지루함은 상대적으로 덜했고 매월 방송 일정에 맞춰 공부를 해나갔다. 나는 이 방송교재로 공부할 때도 이전과 똑같은 방법으로 공부했다. 한국어를 보자마자 영어로 말할 수 있을 때까지 계속 반복훈련을 했다. 나는 기본 패턴이나 문형을 암기하는 일을 지금도 꾸준히 하고 있다.

두 번째로 실천으로 옮겼던 방법은 매일 새벽에 영어신문을 읽는 것이었다. 나는 영어신문을 읽을 때 크게 소리를 내서 읽었다. 동시에 의미를 바로 파악하는 연습을 했다. 영어가 익숙하지 않는 사람들은 소리를 내서 신문을 읽으면서 내용을 파악하라고 하면 바로 바로 해내지 못한다. 일명 '직독직해'가 되지 않는다. 나 또한 큰 소리로 읽으면서 의미를 파악하려고 했지만 이상하게 내 눈이 다시 첫 줄로 가서 해석을 하려고 덤비고 있었다. 나는 이 방법으로 학습할 때마다 이상하게 짜증을 많이 냈다. 큰소리를 내서 읽는데 내용을 전혀 모르는 게 왜 이렇게 약이 올랐는지 모르겠다.

나는 이 상황을 극복하려고 매일 길지 않은 신문기사 3개를 큰 소리로 읽으면서 의미를 파악하는 연습을 했다. 이렇게 두 달을 하니까 내가 원하는 대로 할 수 있었다. 큰 소리로 읽으면서도 의미파악이

가능해진 것이었다. 이런 노력을 통해 읽기 능력이 많이 향상되어 기뻤지만 회사 일을 할 때 문서를 읽으며 업무처리를 하는 데 정말 많은 도움이 되었다.

세 번째로 나는 영어학원을 이용했다. 나는 30대 중반이 되어서 영어학원이란 곳을 처음 다녀봤다. 영어를 계획대로 학습하면서 영어모임을 통해 많은 연습을 하고 있긴 했지만, 외국인을 보면 그냥 얼어버렸다. 지금 생각해보면 심리적인 요인이 컸던 것 같다. 외국인은 한국인과 발음부터 다르고, 어려운 말을 쓸 것 같다는 고정관념이 강했다. 그래서 영어학원을 통해 외국인과 직접 부딪치는 경험을 쌓는 과정이 필요했다. 다행히 집 부근에 성인반이 개설된 학원을 찾았고 수강생도 거의 없었기 때문에 나는 외국인 강사와 더 많은 대화가 가능했다. 그러면서 영어 문화권에 대한 이해도가 많이 올라갔다. 처음 영어공부를 할 때는 문장을 외우고 암기하기만 하면 된다고 생각했는데, 영어권 나라의 문화나 생활에 관심을 가지고 이해하는 과정에서 정말많은 것들을 배울 수 있었다. 영어를 공부하겠다는 일념으로만 다가서지 말고 그 나라의 문화에 관심을 가지면 더 빨리 언어 습득이 가능하다는 사실을 외국인 강사와의 수업을 통해 알게 되었다.

이날 이후로 나는 미국 드라마에 관심을 가지게 되었다. 혼자 보면서 배우들과 똑같이 흉내도 내면서 뉘앙스도 따라 했다. 딱딱하고긴 내용을 공부하는 게 재미가 없어질 때면 미국 드라마를 보면서 기

영어 실력은 계단식으로 올라간다.
노력을 계속해도 제자리걸음 같지만
언젠가는 한 단계 성장한다.
그래서 꾸준히 하는 게 중요하다

분전환을 했다. 뉴스나 교과서에 잘 나오지 않지만 생활 속에 자주 사용할 수 있는 영어를 익힐 수 있었고 그들의 문화나 생활 모습을 알아가는 재미도 쏠쏠했다.

지금도 달라진 건 없다

내가 영어를 공부하겠다고 결심하고 실천을 해나가면서 대부분의 시간을 영어공부를 하며 보냈다. 기초도 없었던 단계였기 때문에 많은 시간을 투자해야 한다고 생각했다. 아내와 아이에게 미안할 정도였다. 평일은 물론이고, 주말에도 영어모임을 간다는 핑계로 가족과 함께할 시간이 거의 없었다. 시간만 나면 짧은 표현을 암기하는 것을 반복하고, 다양한 커뮤니티를 통해 그 표현들을 써먹어보는 노력을 했다. 이런 노력들 덕분에 영어의 고통으로부터 조금은 벗어날 수 있었다.

영어 잘하는 사람들이 내게 해주던 말을 항상 기억하고 있다. "영어 실력은 계단식으로 올라간다. 노력을 계속해도 제자리걸음 같지만 언젠가는 한 단계 성장한다. 그래서 꾸준히 하는 게 중요하다." 아무것도 몰랐을 때는 뭐 이런 말이 있냐며 의구심이 컸지만 나는 이게 무슨 말인지 이제는 이해할 수 있다. 처음 영어를 시작할 때는 밑 빠진 독에 물을 붓는 심정으로 해야 한다. 밑 빠진 독에 물을 조금이라도 채우려면 찔끔 물을 붓는 게 아니라 많은 양을 꾸준히 부어야 가능하다. 무슨 공부든지 양이 어느 정도 충족되어야 임계치에 도달한다. 임계치에 도달해야 변화가 시작된다. 그러고 나면 매일 30분만 투자하더라도 실력이 줄지 않는다. 처음에는 고생스럽더라도 밑 빠진 독에 물 붓는 과정을 경험해볼 필요가 있다. 다시 말해, 몰입이 꼭 필요하다. 나도 이런 몰입을 통해 외국어 실력을 성장시켰다.

외국인과 의사소통에는 큰 문제없이 생활하고 있지만 나는 한 단계 더 발전해야 할 필요성을 느끼고 있다. 하지만 외국어는 알면 알수록 더 배워야 할 것 같고, 공부를 해도 끝이 없는 것 같은 느낌을 받는다. 그래서 적지 않은 시간을 영어학습에 할애하고 있다. 점심시간을 쪼개 30분 동안 외국인과 온라인 대화를 하고 있고 새벽에는 영어 뉴스 강좌를 들으면서 앵커처럼 뉴스를 진행해보기도 한다. 나는 지금도 영어 실력을 향상시키기 위한 노력을 받아들이고 연습하고 있다.

영어 실력을 올리는 방법은 꾸준함뿐이다. 영어를 잘하기 위한 특별한 방법은 없다. 참 실망스러운 말일 수도 있겠지만 사실이다. 시중에 나오는 많은 영어 광고나 상품을 보더라도 지치지 않고 꾸준히 할 수 있는 환경을 만들어주겠다는 게 그들의 공통적인 콘셉트이다. 설령 빠르게 실력이 쌓였더라도 결국 꾸준함이 없으면 원래대로 돌아가 버리게 된다.

영어 실력에는 왕도가 없다. 시간을 투입한 만큼 성장한다.

조금만 할 줄 알아도
새로운 기회가 온다

나는 영어 실력이 부족해서 회사에서 곤란을 겪었다. 무척이나 스트레스가 심했다. 영어라는 게 뭐라고 이렇게 힘든 시간을 보냈는지 모르겠다. 영어 실력이 늘지 않으면 업무를 줄 수 없다는 얘기를 들었을 때를 회상해보면 참 아찔하다. 내 밥줄이 끊기게 생겼으니 말이다. 처음에는 나에게 이런 시련을 안겨준 팀장을 상당히 원망했었다. 하지만 지금 그때를 돌이켜보면, 내가 지금처럼 다소 안정된 생활을 할 수 있도록 만들어준 게 그 팀장님 덕분이라고 생각한다. 나에게 영어를 공부해야 하는 동기를 주지 않았다면 나는 평생 영어를 하지 않았을 것이다. 이런 시간이 없었더라면 나는 아직도 경쟁력 없이 현실을 투덜거리며 잦은 이직이나 시도하며 살았을지도 모른다. 지금의 나는 없다고 해도 과언이 아니다.

사실 나는 그 팀장이 영어를 하는 모습을 보면서 많은 자극을 받기도 했다. 정말 영어를 유창하게 잘하는데 외국을 한 번도 나가지 않고 그 정도로 한다는 게 믿어지지 않았다. 내 주변에 영어를 잘하는 사람들은 소위 외국물을 먹은 사람들인데 그렇지 않은 사람은 처음 봤다. 팀장이 비록 나를 강하게 외국어 능력을 강요했지만 그를 보면서 많은 자극과 용기를 얻었던 것은 사실이다.

기회는 나도 모르게 다가온다

외국계 기업을 다니는 사람들은 서로 "외국어가 깡패다."라는 말을 자주 한다. 업무경험도 중요하겠지만, 항상 우선순위로 꼽는 능력이 외국어 능력이기 때문이다. 사람이 큰 결격사유가 없으면 외국어를 잘하는 사람이 먼저 승진을 하고 기회를 부여받는다. 나는 외국계 기업에서 일하면서 이 시스템이 참 싫었다. 하지만 이런 현실에 나도 맞추어나가야 했다.

나는 팀장의 강한 요구를 부응하면서 회사생활을 이어나가고자 안간힘을 쓰고 있었다. 참 외국어라는 게 빨리 늘지 않았다. 정말 많이 하는 것 같은데 실력은 그만큼 빠르지 않았다. 그래도 별 방법이 없었다. 꾸준히 내가 계획했던 방법대로 시간을 투자하는 방법밖엔 없었다. 이때만 해도 외국계 기업에 재무담당임원을 하고 싶은 꿈이 있었기 때문에 외국어 공부를 지치지 않고 할 수 있었다. 언젠가는 나에게 좋은 기회가 올 것이라는 강한 믿음을 갖고 있었다.

개인적으로 외국어 공부에 정신이 없었지만 날씨가 쌀쌀해지면 회사업무에서도 다음 해 예산 준비로 눈코 뜰 새 없이 바빴다. 모든 팀이 다음 연도 사업계획을 짜면서 회의를 거듭했다. 특히 우리 팀은 다른 팀의 예산을 취합해서 최종적으로 재무계획을 지사장에게 보고해야 했다. 보통 이런 회의는 팀장들과 지사장이 논의해서 결정되기 마련인데 갑자기 지사장은 직원들을 불러놓고 "올해 예산은 팀별로 시간을 정해서 진행합니다. 팀장 외의 인원들도 같이 참여하고 본인이 만든 부분은 직접 설명하도록 해주세요. 여러분들이 요즘 영어 실력이 얼마나 늘었는지 확인도 하고 싶네요."라고 말하는 게 아닌가. 지사장이 그렇게 말할 만도 했다. 팀장을 제외한 나머지 직원들의 영어 실력이 천차만별이었기 때문에 직원들이 평소 영어 실력이 얼마나 늘었는지 궁금하긴 했을 것이다.

공지한 대로 우리 팀도 지사장과 함께 회의를 시작했다. 프레젠테이션을 띄워두고 설명을 시작했다. 내가 작성한 자료들이 많았기 때문에 다른 사람들보다 더 많은 시간을 설명해야 했다. 지사장의 질문에 답변하기도 하고, 그의 지시에 자료를 직접 수정, 보완해나갔다. 큰 무리 없이 회의를 마치자마자 한마디 하셨던 게 아직도 기억난다.

"와우! 김 대리 영어 정말 많이 늘었네? ABC만 하던 사람이 영어로 대화하네!"

영어로 칭찬을 듣다니 이 기쁨을 말로 표현할 수 없었다. 순간 나는 울컥했다. 회사생활을 하며 매일 새벽과 저녁, 심지어 주말까지 영어 공부를 하느라 정신없는 시간들이 하나씩 떠올랐기 때문이다. 아울러, 지사장은 모든 직원이 있는 회의에서 나를 언급하기에 이르렀다. "김 대리를 좀 본받아라! 영어 정말 많이 늘었더라. 다 하면 되잖아! 여러분들도 김 대리처럼 열심히 좀 해보세요." 졸지에 내가 회사에서 유명인사가 되어버렸다. 상사들은 많은 칭찬을 해주었고 어떻게 공부했느냐는 동료들의 질문에 답하는 경우가 잦았다. 남들로부터 인정을 받는다는 것은 정말 기분 좋은 일이란 것을 이때 제대로 느꼈다.

이 일이 계기가 된 것인지는 모르겠지만 영어가 부족하다는 이유로 동료에게 줬던 내 업무를 다시 가져오게 되었다. 덤으로 팀장업무를 일부까지 받았다. 사실 나는 예전부터 "팀장님이 하는 일을 잘할 수 있으니 저에게 일부 넘겨주시면 안 되나요?"라고 자주 얘기했지만, 그때마다 거절당했었다. 아마 나의 짧은 영어로 최종 리포터를 하는 게 탐탁지 않았을 것이다. 그런데 이제는 자신의 업무를 줄 만큼 나에 대한 신뢰가 생겼다. 정말 외국어가 깡패라는 말이 완전 틀린 말은 아닌 것 같았다.

선택의 폭이 넓어진다

영어를 조금이라도 할 수 있었던 덕분에 회사에서 인정을 받고, 평온한 생활이 가능해졌다. 이제는 객지 생활에 적응이 되어 대체로 만족스러운 생활을 보내고 있었다. 하지만 일하는 4년 내내 답답함을 많이 느끼고 있었다. 나도 나중에는 진급하고 팀장이 되어 직접 본사와 업무를 하는 역할을 하고 싶었지만, 이 작은 조직에서 가능한 일인지 의문이 들기 시작했다. 큰 조직처럼 새로운 사람과 다양한 일을 할 기회가 주어지지 않을 것 같았다. 나와 팀장의 나이 차이가 컸다면, 팀장이 퇴직할 때까지 기다려볼 수 있었겠지만 그렇지도 못했다. 팀장은 한 회사에서 오랫동안 일하는 충성심 높은 사람이었기 때문에 회사를 떠날 확률은 지극히 낮았다.

그렇다면 나는 이 자리에서 오랫동안 똑같은 업무나 반복하며 회사생활을 해야 할 운명이나 다름없었다. 나에게는 그리 희망적인 얘기는 아니었다. 무엇보다도 나는 그 팀장을 오랫동안 잘 보좌할 자신도 없었다. 그래서 나는 외국어 실력이라고 하는 경쟁력만 갖춘다면 반드시 이직하리라 다짐을 이제 실천에 옮길 시간이라 생각했다. 과거에는 영어에 대한 스트레스 때문에 어쩔 수 없이 회사를 하루빨리 떠나려고 준비했지만, 이제는 회사에서 인정받으면서 기분 좋게 이력서를 작성할 수 있었다.

나의 자신감 때문이었을까. 이력서를 낸 몇몇 회사로부터 합격 소식을 접했다. 과거처럼 아무 회사나 합격해라는 식으로 지원을 한 게 아니라, 내가 원하는 회사에만 지원을 했기 때문에 기쁨은 더 컸다. 참 행복한 고민을 하는 순간이었다. 나를 인정해주고 채용해주는 회사도 고마운 일이었지만, 무엇보다도 내 의지와 선택으로 새로운 직장을 찾았다는 사실만으로도 눈물이 나올 것 같았다. 나는 이런 경험을 한 번도 못해봤기 때문이다.

성공적으로 이직을 한 후, 지금은 외국계 기업에서 내 능력을 인정받으며 힘차게 회사생활을 하고 있다. 덕분에 행복한 가정생활로 이어지고 있다. 나의 아내는 당시에 내가 영어 공부를 통해 어려움을 극복했기 때문에 새로운 기회가 온 것이라고 얘기한다. 만약에 영어를 하려고 도전하지 않고 피하기만 했다면 지금의 나는 없었을 거라고 수시로 얘기한다. 그런 어려움을 극복 못하고 또 피하고 다녔으면 정말 실망했을 거라는 말도 항상 곁들인다.

영어를 할 줄 알면 새로운 기회를 가질 수 있는 확률이 높아진다. 늦었다고 포기하지 말고 오히려 나이가 들수록 '영어'에 가까워져야 한다. 경험 많은 사람이 영어를 잘하면 더 인정받을 수 있고 훨씬 많은 기회가 생긴다. 긴 세월 한 분야에서 오랫동안 일한 사람들이 꽤 많다. 하지만 그들 중에 영어를 곧잘 하는 사람은 상대적으로 적다. 이들의 경험에 영어라는 무기를 장착하게 되면 새로운 인생이 펼쳐질지도 모른다. 나는 지금도 영어를 지금보다 더 잘하게 되면 더 멋진 기회가 올 것이라 믿고 있다.

　나이가 많다는 이유로 '영어'를 포기하지 말라. 나의 가치가 좀 더 올라간다.

　영어를 할 줄 알면 새로운 기회를 가질 수 있는 확률이 높아진다. 더 잘하게 되면 더 멋진 기회가 올 것이라 믿고 있다.

다이어트와
취미생활,
두 마리 토끼를 잡다

Part 4

네 번째 경험

술로 다져진
배불뚝이 40대 아저씨

몸짱이 되다

난 뚱뚱했음에도
건강을 자신했다

나는 어렸을 때부터 우량아였다. 게다가 키도 작은 편이었다. 중학교 시절에는 담임선생님도 내 몸무게가 많이 나간다고 걱정을 하셨고, 주변 어른들은 나를 보고 비만이라고 안타까워하기도 했다. 그 때문에 부모님은 마음이 많이 상했을 것이다. 고등학생이 되면서 키가 조금 자라면서 살이 빠지긴 했지만 날씬하다는 얘기를 들을 정도는 아니었다.

대학을 졸업하고 사회생활을 시작하면서 잦은 술자리로 인한 폭식으로 통통했던 몸은 점점 뚱뚱한 수준이 되어가고 있었다. 게다가 운동도 꾸준하게 하지 않으면서 근육이 축 늘어져 있었다. 시간이 갈수록 조금씩 살이 찌고 허리둘레는 늘어났다. 몸 상태가 나빠져도 생활에 불편함만 없으면 된다는 생각으로 젊은 시절을 보냈다.

나이를 먹고 사회생활을 하면서도 크게 바뀐 건 없었다. 회사에서 몰아치는 일들을 처리하느라 늦은 밤까지 일하는 경우가 많았다. 심지어는 새벽이 되어서 퇴근하기도 했다. 조금씩 몸이 나빠지는 상황을 지켜보면서도 대수롭지 않게 넘겨버리며 생활했다. 이런 상황인데도 운동을 해야겠다는 생각을 해본 적이 없었다. 이렇게 어영부영 30대를 보내버렸다.

건강의 적신호에도 아랑곳하지 않고 이직을 하면서 더 의욕적으로 일하고 있었다. 결국에는 야근을 하는 도중에 갑자기 쓰러져버렸다. 이직한 지 7개월 만이었다. 나는 평소와 같이 늦은 밤까지 일하고 있었고 목이 말라 자리에서 일어나 몇 걸음 걸어가고 있는 순간 갑자기 심한 현기증이 생겨 털썩 주저앉고 만 것이다. 나는 바로 응급실로 향했고 긴급하게 몇 가지 정밀검사를 했다. 다행히도 몸에 이상이 없다는 결과를 받았다. 나는 응급실 침대에서 수액을 맞았고 그 자리에서 스르르 잠이 들어버렸다.

시간이 얼마나 흘렀는지는 모르겠지만, 간호사가 수액이 다 되었으니 집에 가라며 나를 흔들어 깨웠다. 그때 시각이 새벽 2시였다. 핸드폰을 보니, 아내가 수없이 전화를 시도했던 흔적이 있었다. 연락도 없이 새벽까지 들어오지 않으니 상당히 걱정되었을 것이다. 지금도 아내는 그때가 살면서 가장 아찔했던 순간이라고 얘기한다. 나도 마찬가지다.

이 일이 겪은 후에도 내 생활이 크게 달라지지 않았다. 계속 야근이 반복되었고 매일매일 힘든 하루를 보내고 있었다. 나는 고민 끝에 몇 개월 후 퇴사를 결심했다. 이런 생활이 반복되면 또 쓰러질 것 같은 불안감이 컸기 때문이었다. 이때 내 나이가 38세였다.

다이어트를 결심하다

건강을 염려하며 퇴사한 지 몇 개월 만에 다행히 새로운 회사를 찾을 수 있었다. 사람들에게 잘 알려지지 않은 조그만 외국계 기업에 입사했다. 회사가 생긴 지 얼마 되지 않은 회사였고 인원도 몇 명 되지 않았다. 회사 체계가 잘 잡혀 있지 않아 내가 해야 할 일은 많았지만 이전 직장보다는 야근이 적었고 내가 하는 만큼 성과가 눈에 보였기 때문에 의욕적으로 일하는 분위기가 조성되어 있었다.

이렇게 환경이 바뀌면 당연하게 운동을 열심히 하고 나를 위한 시간을 가지면서 잘 활용할 것이라 기대했지만 이것은 나만의 착각이었다. 예전만큼 일에 매달려 살지 않을 수는 있었지만, 오히려 시간적 여유가 늘어나면서 직원들과 술을 자주 마시는 시간만 늘었을 뿐이었다. 나는 적은 인원의 회사에서 오붓하게 술을 마시는 게 참 좋았다. 그러다 보니 나는 내 몸무게가 조금씩 늘어나고 있다는 사실도 모른 채 여전히 불규칙한 생활을 이어나가고 있었다.

나의 모습을 보면서 사람들이 곧잘 얘기하는 "바빠서 운동할 시간이 없다"는 말은 핑계일 뿐이라는 사실을 깨닫는 순간이었다. 바쁘지 않아도 운동하지 않기 때문이다.

매스컴이나 주변 사람들이 다이어트를 하는 경우를 보게 되는데, 그 사람들은 특별한 계기를 가지고 시작하는 것을 볼 수 있다. 건강이 나빠졌다는 의사의 충고 때문에 지독하게 다이어트를 한다든지, 제2의 인생을 위해 살부터 빼서 환골탈태하는 모습을 보이고 있었다. 내가 다이어트를 결심하게 된 이유는 내 동영상 때문이었다. 회사에서 회의할 때나 발표를 할 때의 모습을 녹화할 때가 많았다. 회의 내용을 재차 확인하기 위해 동영상을 자주 보는 편이었다.

나는 약 9년 전 10월 중순쯤으로 기억한다. 이때도 어김없이 영상을 보고 있었다. 그런데 내가 발표하는 내용보다 나의 외모가 자꾸 눈에 들어왔다. 살이 쪄서 턱선은 찾을 수 없었고, 목은 예전보다 한층 더 두껍고 짧아 보였다. 얼굴과 눈이 부어 있어서 안경이 유독 작아 보이니 내 몰골이 너무 형편없었다. '아! 돼지 한 마리가 저기 있었구나!'라는 생각까지 했다. 물론 건강검진을 하고 난 후에, 좋지 않은 결과를 받아들었을 때도 다이어트를 해야겠다고 생각해본 적이 없었다. 그런데 녹화한 화면에 나오는 나의 뚱뚱한 모습을 보면서 다이어트가 필요하다고 생각을 바꾸게 되었다. 내가 가지고 있었던 모습 중에 최악이었다. 정말 내 모습이 싫었다. 그날따라 이런 모습의 나와 함께 살고 있는 아내가 그렇게 고마울 수 없었다.

건강을 위해 당장 다이어트를 시작하라. 살이 찌고 있다는 의미는 평소 습관이 나쁘다는 의미다. 이유 없이 살이 찌지는 않는다. 물만 마셔도 살이 찐다는 건 거짓말이다. 무의식중에 살이 찌는 음식을 먹거나 운동량이 너무 부족해서 살이 찌는 것이다. 단순히 체중을 지나치게 빼는 다이어트를 권하는 게 아니라 건강을 위한 다이어트에 도전해야 한다.

다이어트는 누구나 가능하다. 삶의 질이 달라진다.

자신을 녹화해보라. 그럼 다이어트를 시작하게 될것이다.

오래 지속할 수 있는
취미를 가져라

본격적으로 다이어트를 하려고 계획하면서 시간이 허락할 때마다 헬스장을 다니기도 했고 새벽마다 홈트레이닝도 마다하지 않았다. 헬스장에서 코치와 함께 강도 높게 운동하고 이것도 모자란다며 운동장을 몇 킬로를 뛰기도 했다. 심지어는 점심시간에 밥도 먹는 둥 마는 둥 하면서도 회사 부근을 1시간 걷기 운동도 했다. 식단관리를 하면서 다이어트에 도움이 되지 않는 것은 멀리했다. 나는 짧은 시간 동안 생각 이상으로 몸무게와 체지방을 많이 뺐다.

하지만 이런 노력으로 성과는 빨리 얻었지만 유지하는 게 참 어려웠다. 다이어트에 성공했다고 느끼는 순간 모든 것에 소홀해졌다. 체중감량을 위해 그렇게 열심히 하던 운동이 점점 느슨해지고 식단도 건강식과 점점 멀어지고 있었다.

다시 원래의 모습으로 돌아가는 게 너무 싫어서 지금의 상태를 유지하기 위한 방법을 찾아야 했다. 앞으로도 이렇게 강한 운동과 식단 관리를 할 수 있을지 의문이었다.

나도 이제 취미가 생기다

다이어트를 한 이후의 상태를 유지하기 위해 취미로 즐길 수 있으면서 오랫동안 즐길 수 있는 운동을 찾으려고 애썼다. 처음에는 퇴근 후 배드민턴을 치기 시작했다. 배드민턴은 저녁 시간에만 가능했기 때문에 어린 두 아이의 육아를 전담하는 아내를 외면한 채 운동하러 나갔다. 아내는 상당히 힘들어했다. 오죽했으면 나에게 저녁 시간에 배드민턴 치는 일을 당분간 멈춰달라는 부탁까지 했을까. 평소 불평불만을 잘 얘기하지 않는 무던한 성격의 아내가 이런 말을 했을 정도면 정말 힘들었다는 얘기다. 아내에게 미안한 마음이 커서 결국 얼마 지나지 않아 그만두었다. 언젠가는 다시 시작하리라는 생각과 함께.

나는 저녁이 아닌 새벽에 할 수 있는 운동을 찾아야 했다. 아내와 아이 모두 잠자고 있는 시간에 운동한다면 눈치 보지 않아도 되니 좋은 방법이라 생각했다. 나는 새벽에 일어나는 습관을 통해 많은 것을 도전했지만, 이 시간에 운동을 배워볼 생각하지 않았다. 보통 새벽 운동을 한다고 하면 달리기밖에 생각나는 게 없었다. 새벽에 즐길 수 있는 종목이 그렇게 흔치 않았기 때문이다. 하지만 내가 할 수 있는 운동을 찾았다. 그건 바로 테니스였다.

테니스라는 종목은 나에게 낯설지 않은 스포츠다. 아내가 젊을 때부터 즐기던 스포츠가 바로 테니스였기 때문이다. 아내는 대학 시절 테니스를 치는 활동을 하면서 강의실이나 도서관에 있던 시간보다 테니스장에서 보낸 시간이 훨씬 많았던 테니스 마니아였다. 하지만 결혼 후에는 육아 때문에 마음껏 테니스를 즐기지 못하고 있었다.

아내는 친구나 선후배를 만나면 온통 테니스 얘기뿐이었다. 과거 테니스 치던 시절의 추억들, 과거 테니스 대회에서 시합했던 무용담을 나누며 즐겁게 시간을 보내고 있었다. 그들은 모두 왕년에 테니스를 치던 사람이었기 때문이다. 아니, 아직도 테니스에 미쳐서 사는 사람들이었다. 만나기만 하면 테니스 얘기로 꽃을 피웠다. 그들의 얘기를 들으면서 나는 테니스의 이론이나 규칙은 어느 정도 알 수 있었다. 이런 시간을 보내는 것도 모자라 그들은 테니스장에서 모임을 자주 가졌다. 모두 가족을 동반해서 테니스장으로 총출동했다. 테니스를 칠 줄 아는 사람들은 테니스를 쳤고 나머지는 아이들을 돌보면서 시간을 보냈다. 나는 이때 아내와 친구들이 테니스를 치는 걸 지켜보기만 했다. 이런 일이 잦다 보니 테니스에 호기심이 생기기 시작했고 언젠가는 배워봐야겠다고 생각했었다.

다행히도 새벽에 테니스를 배울 만한 곳을 찾을 수 있었다. 내가

다이어트를 한 이후의 상태를 유지하기 위해
취미로 즐길 수 있으면서 오랫동안 즐길 수 있는
운동을 찾아야 한다.

테니스를 배운다고 해도 아내가 특별히 반대할 일은 없을 것 같았다. 부부가 함께 테니스를 칠 수도 있고 서로 공감하며 재미난 시간을 보낼 수 있으니 얼마나 좋은가. 게다가 테니스를 치면서 건강을 지킬 수 있으니 여러모로 괜찮은 듯했다.

"나도 테니스를 배워 볼까?" 나의 물음에 아내는 웃으면서 얘기했다. "테니스가 얼마나 어려운 운동인지 알고 하는 소리야? 40대에 배우는 거 아니야, 다친다!" 기껏 얘기했더니 반응이 영 별로였다. 처음엔 다른 운동을 찾아보는 게 어떠냐고 권유했다. 하지만 내가 하고 싶다고 얘기했더니 큰 반대는 하지 않았다. 오히려 나를 위해 테니스 코치도 찾아줬고 중고라켓도 구해줬다. 1년 후에 실력이 좀 쌓이면 새 라켓을 사라는 말과 함께.

테니스가 배우기 어렵고 실력이 빨리 늘지 않아 중간에 포기하는 사람이 많다. 그래서 당시에 아내는 나도 금방 포기할 줄 알았다고 말했다. 하지만 아내의 우려와는 다르게 지금도 테니스를 즐기고 있다.

오랫동안 할 운동을 찾아라

새벽에 테니스를 시작하면서 최소한 5시 30분에는 기상해야 했다. 6시에 테니스 코치와의 레슨 시간을 지켜야 했기 때문이다. 내가 유일하게 시간을 쓸 수 있는 시간이었기 때문에 악착같이 테니스를 치러 나갔다. 테니스라는 운동이 참 어려웠다. 그래도 이에 굴하지 않고 1년이 넘는 시간 동안 레슨을 열심히 받았다. 추우나 더우나 시간에 맞춰 테니스 코치와 만났다. 테니스 코치는 내가 하루도 결석하지 않고 너무 열정적으로 레슨에 참여했던 사람을 본 적이 없다고 했다. 그래서 신경이 많이 쓰였고 자신도 덩달아 부지런해졌다고 말할 정도였다. 하지만 이에 비해 실력은 여전히 형편없었다.

모든 운동이 그렇겠지만, 배우고 나면 연습을 해야 한다. 하지만 나는 그렇지 못했다. 테니스는 누군가와 같이하는 스포츠이기 때문에 마주할 누군가가 필요하다. 그래서 테니스 동호회를 가입해서 테니스를 즐긴다. 마침 내가 매일 레슨을 받으러 가는 테니스장에는 새벽부터 테니스를 즐기는 동호회 사람들이 있었다. 하지만 내가 너무 초보이어서 동호회에 가입할 수 있을까 싶어 괜히 주위만 맴돌면서 서성거렸다. 이를 본 동호회 사람들이 나에게 먼저 손을 내밀었고 운이 좋게 동호회 활동을 시작하게 되었다. 냉정한 얘기 같지만 어떤 동호회들은 초보를 절대 받아주지 않는다. 모두 어렵게 시간을 쪼개서 테니스를 치러 왔는데 그중 한 사람이 너무 못 치면 경기가 너무 싱겁게 끝나버리기 때문이다. 그래서 어느 정도 실력이 되는 사람만 받는 곳이 많다.

나처럼 40대에 테니스를 배우는 사람은 적다. 대부분 30대 초반에 시작해서 내 나이가 되면 절정기를 이루고 있다. 그래서 내가 테니스를 배운다고 했을 때 "이제 골프 칠 나이다. 그런 힘든 운동 그만 해라"라며 말리는 사람도 적지 않았다. 그들의 말처럼 쉽지 않은 스포츠이긴 하다. 그래서 나는 스트레스를 많이 받기도 했고 많은 시간을 투자해야 했다. 어떨 때는 포기해버리고 싶은 고비도 꽤 있었다. 스트레스를 풀려고 테니스를 시작했는데 자꾸 스트레스를 받고 집에 가는 게 너무 아이러니하다고 생각했기 때문이었다. 나의 꾸준함으로 테니스 실력이 늘었다는 걸 느낀다. 스트레스가 이전보다는 많이 줄었다. 하지만 아직도 초보 딱지를 떼 내려고 안간힘을 쓰고 있다. 그래도 테니스를 치는 시간만은 참 즐겁다. 내가 노년이 되어도 테니스를 더 많이 즐겨야겠다는 목표를 가지고 있다. 나는 테니스처럼 생동감 있는 스포츠를 접하면서 건강을 유지하고 있고 더 젊어지고 있는 듯하다.

즐길 수 있는 운동을 찾아라. 체중감량이 어느 정도 성공하면 얼마 지나지 않아 운동을 멀리한다. 체중을 줄이는 동안 너무 격하게 운동하면서 거부감을 가졌을 수도 있다. 우리 주변에는 즐길 만한 운동이 정말 많다. 다양한 운동 중에 재밌게 즐길 수 있는 것을 하나만 선택하라. 마음만 먹으면 분명 찾을 수 있다. 나는 테니스라는 운동을 통해 건강한 생활을 하면서 일정한 몸무게를 유지하고 있다. 그러면 하루하루가 더 활기차게 변한다.

오랫동안 즐길 수 있는 취미를 반드시 가져라.

절대 실패하지 않는
목표를 세우는 법

나는 다른 사람들이 짧은 기간에 살을 빼는 모습을 접하면 감탄을 금치 못한다. 다이어트를 해야겠다고 결심을 하게 되더라도 저돌적으로 밀어붙이는 성격이 되지 못하기 때문에 작은 것부터 하나씩 이루어나가는 방법으로 접근한다. 최종적으로 가지고 있는 큰 목표는 있지만 나는 이 목표에 지나치게 집착하지 않는다. 작은 목표를 정해놓고 이를 달성하기 위해 매진하고 어느 정도 성공적이라 생각하면 그다음 목표를 향해 달리는 것이다. 이 패턴을 계속 반복하면 최종 목표에 도달하게 된다.

작은 것부터 시작하다

나는 내 몸무게를 말하는 게 참 부끄럽다. 영상으로 내 모습에 충격을 받았던 때에 몸무게는 90kg에 육박했다. 정확히 89.2kg이었다. 체중계에 찍힌 내 몸무게를 아직도 생생하게 기억한다. '키도 작은 내가 90kg이라니.' 몇kg을 감량해야겠다는 목표보다는 발톱을 깎을 때 튀어나온 배 때문에 힘들지만 않으면 된다고 생각했다.

다이어트를 하려고 마음먹으면서 나는 헬스장을 찾았다. 무거운 쇳덩이를 드는 것을 좋아하지 않아 헬스장을 가더라도 러닝머신이나 하고 오는 게 고작이었다. 헬스장에서 근력운동을 열심히 해야 멋지게 살을 뺄 수 있다는 얘기를 많이 들었지만 직접 가본 것은 처음이었다. 마침 이벤트로 수업을 체험할 수 있어서 참여해봤다. 태어나서 처음으로 퍼스널 트레이닝을 해본 것이었다.

그런데 나는 엄청난 굴욕을 당했다. 내가 팔굽혀펴기를 한 개도 해내지 못하고 있는 게 아닌가. 내 체력이 형편없다는 사실을 이때 알게 되었다. 그리고 가벼운 무게를 올린 운동기구들을 이용하는데 너무 허덕이고 있었다. 한 여성이 나보다 더 무겁게 세팅해서 거뜬히 올리고 있는 게 거울로 비추어졌다. 나는 몇 개 하지 않아도 헉헉거리고 있어서 참 민망했다. 체험을 마치고 정말 죽을 지경이었다. 온몸이 쑤시고 허리를 제대로 펴지 못할 정도였다. 이때 정말 운동의 참

맛을 알게 되었다.

이후로 약 1개월 동안 PT 수업을 신청했다. 나는 헬스장에 있는 기구를 쓰는 방법을 배우고, 어떻게 운동하면 되는지 숙지할 목표로 딱 1개월만 수강하기로 했다. 덕분에 나는 이 짧은 기간에 5kg을 뺄 수 있었다. 1차 목표는 달성한 셈이었다. 나는 당분간 무리하게 더 체중감량을 하려고 덤비지 않았다. 내가 감량한 몸무게를 오랫동안 잘 유지할 수 있을지 궁금하기도 했고 급하게 빼면 몸에 이상이 생길 것 같았기 때문이었다. 한동안 올바른 운동 습관과 식습관을 만들고 지켜나가는 데 초점을 맞췄다.

하루 1만 보 이상 걷고 점심은 도시락을 싸 다녔다. 회사 식당에서 점심을 먹으면 이상하게 양 조절이 되지 않았고 염분이 많다는 게 확 느껴졌다. 한창 다이어트로 염분조절을 하다가 이렇게 한 끼만 외부에서 먹어도 얼굴이 붓는 듯한 느낌이 들었다. 나같이 무던한 사람도 이런 게 느껴졌다. 그래서 나는 닭가슴살과 야채, 견과류 등 다이어트에 도움이 되는 다양한 음식을 점심으로 준비했다. 이런 음식들을 너무 자주 먹으면 질리기 마련이다. 그래서 나는 조금이라도 맛있는 음식으로 탈바꿈시키려는 노력까지도 서슴지 않았다.

다행히도 몇 년 동안 몸무게를 잘 유지할 수 있었다. 재밌게도 살을 조금 빼보니까 더 멋진 몸을 가지고 싶은 욕심이 생기기 시작했다. 짧은 기간 동안 5kg을 감량하고 몸무게를 잘 유지했다는 사실이 기쁘긴 했지만, 나는 여전히 뚱뚱한 편이었다. 여전히 발톱을 깎거나 양말을 신는 데 조금 버거움을 느꼈기 때문이다. 그래서 나는 두 번째 다이어트를 준비했다.

한 번으로 끝내지 않는다

내가 두 번째 다이어트를 시작했을 때 매일 새벽에 테니스를 즐기고 있었다. 체중감량을 시작하면서부터 평소보다 더 일찍 일어나야 했다. 새벽 4시 30분에 기상해서 약 40분간 홈트레이닝을 하기 위함이었다. 이렇게 홈트레이닝을 하면 온몸에 땀이 흥건했다. 홈트레이닝을 끝내자마자 테니스를 치러 출발했다. 일어나자마자 홈트레이닝으로 근력운동을 끝낸 후에 테니스라는 유산소운동으로 아침 운동을 마무리했다.

근력운동과 유산소운동의 순서로 운동해야 체중감량이 가능하다는 사실을 인지하면서 매일 새벽 홈트레이닝 후 테니스를 치는 생활을 계속했다. 별도로 헬스장을 가는 시간이 힘들었기 때문에 매일 아침을 이런 식으로 촘촘하게 써야 했다. 그리고 퇴근 후에는 집에서 또 30분가량 홈트레이닝을 했다. 헬스장을 갔으면 좋았겠지만, 육아를 돕는 일을 외면할 수 없었다. 그래서 집에서 홈트레이닝을 하면서도 아이가 울면 얼른 달려가야 했다. 대신 주말 오후에는 잠시 헬스장을 들러 운동할 수 있는 여유를 누렸다. 이 생활을 5개월 남짓하면서 무사히 70kg을 달성할 수 있었다.

다이어트를 시작하면서 도움이 될 만한 방법들을 시도했다. 나에게는 꽤 도움이 많이 되었던 방법들이었다.

첫째, 일찍 자고 새벽에 일어났다. 이미 새벽 기상 습관이 있었기 때문에 이 사실이 새롭지 않지만 늦은 시간에 음식을 먹지 않으려고 일찍 잠을 청했다. 애들을 재우면서 나도 같이 자버렸다.

둘째, 저녁 식사를 항상 신경 썼다. 나는 저녁 식사를 하게 되면 모든 긴장이 풀리면서 폭식하는 경향이 있었다. 가족 모두와 식사를 즐기다 보면 더 그렇다. 그래서 좋은 방법을 찾아야 했다. 결국 나는 아내와 논의해서 식단을 조정하기로 했다. 저녁에는 탕이나 국을 내지 않는 것이었다. 탄수화물을 줄이려고 작은 밥그릇과 반찬 그릇을 썼다. 지방을 먹는 것도 줄이려고 고기를 굽는 대신 삶아서 먹었다.

셋째, 나에 대한 것을 모두 기록했다. 운동을 얼마나 했는지 썼고 내가 먹은 음식을 사진으로 남겼다. 나의 볼록한 배가 얼마나 들어갔는지 상의를 탈의하고 사진으로 찍기도 했다. 처음에는 나의 몸을 보는 게 부끄러웠다. 몇 개월 동안 내 모습의 사진을 보면서 몸이 어떻게 변해가는지 한눈에 확인할 수 있었고 자극이 되기도 했다. 조금만 더 하면 더 멋진 몸이 될 것 같은 희망이 새록새록 넘쳐났기 때문이었다. 그리고 체지방, 몸무게, 근육량도 며칠에 한 번씩 재면서 표와 그래프로 만들었다. 내 생각대로 변해가는 그래프의 형태를 지켜보면 그 성취감을 이루 말할 수 없다.

작은 목표부터 먼저 성취하라. 다이어트를 한다고 하면 무리하게 계획하고 이를 빨리 끝내버리려고 한다. 그러다가 생각대로 되지 않으면 바로 포기해버린다. 하나를 이루고 나면 그다음 목표를 위해 달리는 자세가 필요하다. 나는 '많이 움직이고 적게 먹는다'라는 관념만 가지고 목표를 향해 앞으로 달려나갔다. 굳이 이것저것 찾아서 많이 할 필요가 없다.

자신만의 루틴을 만들라. 그러면 건강한 몸을 만들 수 있다.

실패하지 않는 자신만의 방법을 만들어라.

온갖 유혹에 흔들리지 않는 장치, 커뮤니티를 이용하라

체중을 감량을 위한 목표가 생기면서 나는 아침, 저녁으로 홈트레이닝을 했다. 시간이 허락할 때마다 헬스장을 이용하기도 했지만 혼자서 헬스장을 이용하거나 매일 홈트레이닝을 실천하는 게 여간 어려운 게 아니었다. 처음 시작할 때는 의욕이 넘쳤지만, 시간이 지날수록 점점 의지가 약해지고 지쳐갔다. 초심을 잃기 시작했던 것이었다.

함께하면 수월해진다

다이어트를 결심하면서 무엇이든지 혼자 하려고 했다. 처음 다이어트를 하려고 계획했을 때는 PT 수업을 통해 어렵지 않게 목표한 감량을 할 수 있었지만 두 번째 다이어트를 할 때는 많이 힘들었다.

처음 체중을 쉽게 뺐을 때의 자신감을 가지고 혼자서 헬스장에 가서 운동을 시도했다. 이번에도 큰 어려움 없이 성공적인 다이어트가 되리라 확신했다. 하지만 생각만큼 수월하지는 않았다. 내가 처음 다이어트를 시작했을 때 쉽게 체중을 줄일 수 있었던 이유는 나 혼자가 아니라 다른 사람과 함께했기 때문이었다. 그 사람은 바로 헬스 코치였다.

헬스 코치는 내가 혼자서도 잘 할 수 있도록 운동하는 방법을 알려주었고 내가 바르게 하는지 항상 교정해주었다. 또 그는 내 운동능력을 최대로 끌어 올려주는 역할도 했다. 예를 들어, 평소 내가 팔굽혀펴기를 10개만 해도 죽을 것 같은데 헬스 코치는 이런 나를 13개나 할 수 있도록 만들었다. 옆에서 자꾸 소리를 지르고 나를 독려하기 때문이었다. "하나만 더, 하나만 더, 잘하고 있어요. 좋아요" 이런 식으로 내가 더 많이 할 수 있도록 도와주는 누군가가 있었기 때문에 체중감량이 가능했던 것이었다. 확실히 지루함도 덜했다. 나는 PT 수업을 하면서 헬스 코치의 도움을 많이 받긴 했지만, 비용이 부담되어 오랫동안 할 수 없었다.

나는 우연히 온라인으로 운동을 할 수 있는 방법을 보게 되었다. 핸드폰의 애플리케이션을 이용해 운동하는 것이었다. 정말 많은 다이어트 애플리케이션이 볼 수 있었다. 그중에 마음에 드는 하나를 선택해서 운동을 시작했다. 매일 노트에 적어오던 운동과 식단을 앱에 더 자세하게 기록할 수 있었고 음식 열량도 쉽게 확인할 수 있어 너무 편했다. 더 놀라웠던 것은 온라인에도 헬스 코치가 있다는 사실이었다. 그리고 다이어트를 원하는 사람들끼리 온라인에서 만날 수 있었다. 같은 목적을 가진 사람들이 사이버세상에서 만나서 하나의 커뮤니티가 만들어진 것이었다. 나는 6주 동안 커뮤니티 활동을 시작했다. '온라인으로 이게 가능할까' 하는 의구심이 들었다. 하지만 수강료가 너무 저렴했기 때문에 일단 시도해보기로 했다. 그리고 온라인으로는 영어 공부를 해본 게 전부였는데 운동이 가능하다는 걸 보고 너무 신기해서 경험해보고 싶었던 마음도 컸다.

6주 동안 커뮤니티 생활이 정말 재밌었다. 매일 식단과 자신이 어떤 운동을 했는지 찍어서 인증해야만 했다. 그리고 단체로 숙제도 열심히 했다. 예를 들면, 버피를 200회 하는 모습을 동영상으로 찍는다거나, 만보걷기를 완료한 사진을 올리는 것들이다. 열심히 이런 활동을 잘하면 선물까지 받을 수 있어서 너무 좋았다. 나는 대부분 숙제를 완수해서 작은 선물도 많이 받았다. 일석이조의 효과를 제대로 누렸다.

나는 일주일에 한 번씩은 체중계로 몸무게와 체지방을 공유해야만 했다. 처음엔 내 비밀을 누군가에게 알린다는 게 내키지 않았다. 너무 부끄러웠기 때문이었다. 하지만 이렇게 공유를 하니 확실히 자극은 되었다. 심지어 허리와 복근 부분의 사진을 찍어 올리기도 했다. 일명 '눈바디'를 하면서 자신의 몸이 변하는 모습을 공유하는 것이었다. 참가자들은 다른 사람들이 열심히 하는 모습을 보면서 힘들지만 억지로라도 따라가려고 노력했다. 자신은 바빠서 운동을 못 했다며 밤늦은 시간까지 운동하는 인증을 올리는 참가자, 점심때 많이 먹었다며 2시간을 걷기 하는 사람, 다른 사람들보다 체지방이 덜 빠졌다며 늦은 시간까지 헬스장에서 운동을 청하는 사람들이 즐비했다.

운동을 열심히 하는 것뿐만 아니라 다이어트를 하면서 힘든 상황을 공유하고 조언해주면서 단체채팅방을 뜨겁게 달구었다. 시간이 날 때마다 자신들의 고민을 얘기하면 누군가가 그걸 보면서 좋은 방법을 조언해주었다. 심지어 먹으려고 하는 음식사진으로 보내면서 먹어도 되는지에 대한 의견을 물어보면 정말 많은 댓글과 의견이 올라왔다. 소위 '집단지성'의 힘까지 발휘할 수 있었던 것이다. 내가 생각하던 것 그 이상이었다. 온라인으로도 내가 정했던 목표를 해낼 수 있었다. 얼굴 한번 본 적 없는 사람끼리 온라인 공간에서 짧은 시간 동안 함께 했지만 대단한 자극과 도움을 받았던 건 부인할 수 없다.

생각을 조금만 바꾸면 된다

다이어트를 온라인 공간을 이용해서 할 수 있다는 걸 처음 경험했을 때 상당히 어색하면서도 놀랐다. 어떻게 다이어트를 온라인 커뮤니티에서 할 수 있다는 건지 도무지 이해되지 않았다. 하지만 내가 직접 경험해보니 불가능한 일이 아니었다. 나에게는 단점보다 장점이 더 많았다.

우선, 온라인 활동이긴 하지만 오히려 더 능동적으로 운동에 임했다. 매번 나의 기록을 올리고 인증하면서도 어떻게 하면 더 효과적일지, 언제 건강한 모습이 될 수 있을지 고민하면서 방법을 찾아나갔다. 두 번째로는 서로 공감을 할 수 있다는 것이다. 어디서 이렇게 많은 사람과 자신의 고민을 얘기할 수 있고 힘을 북돋아 주겠는가. 이게 온라인의 가장 큰 장점인 듯하다. 세 번째는 경제적 부담이 적어 대만족이었다.

이 경험으로 다이어트가 꼭 오프라인을 통해서만 가능하다는 고정관념을 버릴 수 있었다. 헬스장에서 PT 수업을 받는 것보다 오히려 시간과 공간의 제약을 덜 받는 온라인을 이용하면서 더 많은 도움을 받았고 큰 효과를 누렸다. 다이어트의 효과를 볼 수 있는 방법은 정말 다양하다.

함께할 수 있는 누군가를 찾아라

아프리카 속담에 이런 말이 있다. "빨리 가려면 혼자 가고 멀리 가려면 함께 가라." 다이어트는 빨리 가려고 하면 힘들어진다. 같은 목표를 가진 사람을 찾는 커뮤니티 모임이 상당히 많다. 뜻을 같이하는 사람들이 많을수록 흐트러지기 쉬운 내 의지를 다지는 데 큰 도움이 된다.

나와 함께할 모임을 찾아보라. 내가 의지가 약해질 때마다 큰 힘이 된다.

자신의 의지가 약하면 다른 사람들의 도움으로 극복해라.
서로 의지하며 함께 가는 방법은 온라인에서도 가능하다.

달콤하면서도
잔잔한 보상을 해주라

같은 값이면 다홍치마란 말이 있다. 이왕 자기계발을 시작했다면 기분 좋게 해야 한다. 그렇지 않으면 금방 포기하게 된다. 처음에는 부푼 마음으로 기대에 차 시작하지만, 시간이 지날수록 지치고 싫증이 난다. 이럴 때 자신에게 어떻게 동기부여를 하면 좋을지 고민해봐야 한다. 대부분 알고 있듯이, 동기부여에는 달콤하게 힘을 주는 것과 가혹하게 정신이 번쩍 들도록 하는 것으로 나눌 수 있다. 나는 다이어트를 할 때 후자보다 전자를 이용하면서 더 큰 효과를 봤다.

보상을 싫어하는 사람이 있을까

어린 학생들이 부모와 굳게 약속하는 모습을 본다. "시험성적이 좋으면 네가 원하던 게임기를 사줄게." 마침내 목표한 성적을 얻고 부모로부터 그렇게 원하던 선물을 결국 받아 챙긴다. 이럴 때마다 선물을 챙기는 아이들의 모습이 괜히 부럽다. 최선을 다해서 원하는 좋은 결과를 얻고 덤으로 부모로부터 포상까지 받으니 얼마나 기쁘겠는가. 성인도 이런 방법으로 동기부여를 확실하게 시켜주면 얼마나 좋을까 하는 생각을 한두 번 했던 게 아니었다.

나도 다이어트를 핑계로 이런 방법을 써봐야겠다고 생각했다. 수고하고 있는 나 자신에게 선물 하나 못해서야 되겠는가. 내가 번 돈으로 나에게 보상한다는 게 좀 웃기는 일 같지만 그래도 타당한 이유가 있어 사는 거니까 눈치 보는 일은 없었다. 크고 값나가는 선물을 내게 했던 것은 아니었지만 그래도 강한 동기부여가 되었다. 지금의 결과를 얻기까지 노력했던 걸 잊지 않고 더 관리해야겠다는 다짐을 하는 시간이 되었다.

가. 테니스 라켓

다이어트와 함께 테니스를 본격적으로 시작했지만, 변변한 라켓이 없었다. 중고라켓을 한 자루 받아서 6개월을 쓰고 있었다. 좀 더 날씬한 몸이 되면서 왠지 잘 뛸 수 있을 것 같았다. 테니스 실력이 형편없는 것은 내가 중고라켓을 쓰고 있기 때문이라고 아내를 설득했다. 결국 아내로부터 새 라켓을 두 자루나 선물 받았다. 이는 내가 테니스 실력이 많이 늘어서라기보다는 테니스를 통해 체중을 5kg이나 뺐던 노력에 대한 대가였다.

나. 운동복

운동복을 입을 때 항상 신경 쓰는 부분이 있었다. 바로 허리 부분이다. 나같이 배가 나온 사람들이 체육복 바지를 입으면 허리에 있는 밴드가 밖으로 뒤집혀 참 볼품없이 되어 버린다. 이런 현상은 배 나온 사람만이 경험할 수 있는 걸 알게 된 후부터는 이상하게 이 허리 부분에 신경을 많이 쓰게 되었다. 그래서 나는 살을 많이 빼면 허리 부분의 밴드가 뒤집히지 않고 이쁘게 입고 싶은 열망이 강했다. 다이어트가 성공적이라 생각해서 나는 평소 가지기를 원했던 브랜드의 운동복 바지를 샀다. 내가 상상하던 그런 핏을 상상하면서. 하지만 아직 100% 완성형의 몸이 아닌 것을 인지했다. 다행히 두 치수가 줄은 체육복을 입을 수 있었다는 데 위안 삼았다.

다. 옷

평소 마음에 드는 바지가 있으면 꽉 조이더라도 사고야 만다. 여의치 않으면 바지의 단추를 조금 밖으로 옮겨 달아서라도 허리에 여유를 더 두려고 애쓴다. 가끔 식사를 과하게 하고 이런 옷을 입으면 허리가 조여들어 내 허리 피부가 쓸린 경험이 있었지만 내 마지막 자존심을 포기하지 않았다. 결국 자꾸 몸이 불어나면서 이 옷들은 장롱으로 직행했고 고이 모셔져 있었다. 다이어트를 한 덕분에 이제는 꽉 조이는 바지를 억지로 입는 고충에서 해방되었다. 덕분에 내가 가지고 있던 양복은 항공모함이 되어버렸다. 가끔 필요할 때 착용하기 때문에 좀 넉넉한 치수로 옷을 맞추었었는데 이 옷이 너무 커져 버린 것이었다. 주먹 세 개가 허리를 지나갔고 허벅지는 너무 헐렁했다. 나는 다이어트를 한 기념으로 몸에 맞는 양복을 선물했다. 이렇게 샀던 옷은 내 몸을 관리하는 데 있어서 큰 역할을 하고 있다. 만약 옷을 입는 데 불편함을 느끼면 평소 내 생활 습관을 돌아보고 다시는 과거처럼 돌아가지 않으려고 노력한다. 나는 내 선물이 무용지물이 되는 걸 상당히 겁내고 있다.

보상은 타이밍이다. 내가 꼭 필요한 시점에 해줘야 그 가치가 더하다. 나는 적절할 때, 조금씩 지쳐갈 때나 조금의 성과가 있을 때마다 선물을 해줬다. 그 효과는 나를 춤추게 했다.

보상이라고 다 좋은 건 아니다

처음 다이어트를 시작할 때 헬스장을 가끔 이용했다. 헬스 코치와 수업을 받기도 했고 시간이 허락할 때마다 헬스장을 찾아 지난번 배운 것을 복습해가며 나만의 운동 습관을 만들려고 했다. 나도 헬스장에서 힘겹게 운동하고 있었지만, 정말 다이어트를 위해 혹독하게 운동하고 있던 회원을 보게 되었다. 언뜻 봐도 나만큼 체중이 나가 보이는 회원이 2시간 가까이 코치의 요구를 따라가느라 거친 숨을 쉬고 있었다.

"버티셔야 해요. 조금만 더"

"아! 헉. 죽겠어요!"

"아니요. 할 수 있어요."

서로 티키타카를 하듯이 말이 오가고 있었지만, 그 회원은 대단하게도 그 힘든 일정을 모두 소화해냈다. 옆에서 지켜보면서도 대단하다고 경탄을 금치 못했다. 그런데 그 회원이 정신을 차린 후 코치에게 질문을 던졌다.

"이렇게 하는데 왜 살이 안 빠질까요?"

"글쎄요. 식단조절 안 하시는 것 아닌가요?"

"아니요. 저는 먹는 것도 별로 없는데 이상하다니깐요."

참으로 절박함이 느껴지는 대화였다. 나는 그 모습을 뒤로하고 얼른 씻고 집으로 향했다. 열심히 하던 그 회원이 집으로 간 것 같았다. 그런데 건물 1층에서 횡단보도를 건너려고 서 있었는데 많이 보던 사람이 커피숍에 있었다. 바로 혹독하게 운동하던 그 회원이었다. 유심히 보니 그 회원의 오른손에는 휘핑크림이 잔뜩 얹어져 있는 커피가 들려져 있었다. 그것도 제일 큰 사이즈였다. 이분도 고생한 자신을 위한 보상으로 엄청나게 큰 커피를 선물했던 것이었다. 보상을 하는 건 당연하긴 한데 너무 안타까웠다. 자신에게 다른 보상을 했더라며 얼마나 좋았을까? 살이 빠지지 않는다고 너무 걱정스럽게 코치와 얘기를 나누던 모습이 스쳐 지나갔다. '나도 무의식중에 저랬을 수도 있었겠구나! 그래서 나도 다이어트가 쉽게 되지 않는 것이었구나. 다 이유가 있었네!'

자신에게 보상하는데 신중하게 생각을 할 필요가 있다. 아무리 고생했더라도 본연의 목적에 반하는 것들을 보상하면 오히려 마이너스 효과가 일어난다. 이것은 보상이 아니라 독배를 드는 것과 같다. 다이어트로 고생한 자신에게 선물할 때는 철로를 이탈한 폭주 기관차가 되지 말아야 한다.

자신에게 적절한 보상을 주라

조금이라도 달라진 모습이 보이면 스스로 필요한 것을 선물해보라. 다이어트를 지속할 수 있는 더 큰 힘이 생긴다. 원했던 모습으로 탈바꿈하는 자신에게 보상은 당연하다. 한층 더 멋있어지는 자신을 위해 잔잔한 보상조차도 못 해준다면 무슨 의미가 있겠는가. 작은 보상도 강력한 힘을 가졌다. 더 큰 추진력을 가질 수 있으니까.

조금이라도 달라진 모습이 보이면
스스로 필요한 것을 선물해보라.

잡지 속 그 남자가
거울 속에 있다

나는 요즘 부쩍 건강에 관심이 많다. 매일 새벽 테니스를 치러 가면서 자주 듣는 라디오 프로그램이 있는데 바로 건강정보에 관한 내용이다. 방송에서 얘기하는 증세나 상황을 듣고 있노라면 모두 나의 얘기와 같다. 그러면서 괜히 인터넷이나 정보를 찾아보기도 했다. 건강에 대한 걱정을 줄일 수 있는 유일한 방법이 다이어트였다. 아니, 나의 몸 상태가 정말 좋지 않았기 때문에 체중감량이 더 필요했다.

다이어트는 내 사고도 바꾼다

살이 많이 찌면 대사질환이 생기기 마련이다. 나도 40대 중반이 되면서 늘어난 체중 때문에 걱정되는 부분이 하나둘이 아니었다. 건

다이어트를 하면서 굉장히 긍정적으로 변화했다.
내 생활이 적극적으로 변했다는 걸 실감한다.
다이어트로 건강해진 자신을 상상하라.
잡지 속 그 남자가 거울 속에 있다.

강검진을 할 때마다 혈압수치와 간수치가 높다는 결과를 매번 받아들여야 했다. 나는 병원을 방문해서 혈압을 잴 때가 제일 싫었다. 나의 높은 혈압수치를 누군가 보는 게 너무 싫었다. 특히 어르신이 앞에 있으면 혈압측정을 뒤로 미뤘다. "젊은 놈이 혈압이 뭐 이렇게 높대!"라며 안쓰럽게 볼 것 같아 상당히 신경이 쓰였다. 그리고 어떤 병원에서 혈압을 재는데 수치가 정상으로 나온 것을 경험했다면 난 항상 그 병원만 찾았다. 다른 병원에서 재면 이상하게 또 높게 나올까봐 두려웠기 때문이었다. 얼마나 혈압에 대한 스트레스가 심했으면 이렇게 말도 안 되는 행동을 하고 있었겠는가.

시간이 지날수록 건강검진에 나타나는 수치가 점점 좋아지지 않았다. 지난번까지 정상이던 콜레스테롤이 나빠졌고, 당 수치도 정상을 벗어나고 있다는 결과를 봤다. 상당히 놀랐다. 그래서 나는 내 건강을 위해 다이어트를 해야만 했다. 체중을 15kg 이상 줄이면서 건강수치 역시 정상으로 돌릴 수 있었다. 이때 나는 비만이 정말 무서운 질병이라는 것을 알게 된 계기였다. 몸무게만 줄였을 뿐인데 이렇게 달라지다니 사람들이 살과의 전쟁이라는 말까지 하는지 이해할 수 있었다.

건강한 중년이 되어 가고 있다는 기쁨도 컸지만 나는 다이어트를 하면서 자신감이 늘었다는 게 가장 큰 소득이었다. 이전에는 옷을 살 때 인터넷을 많이 이용했다. 나는 매장에서 옷을 사는 게 너무 어색했다. 몸에 자신이 없다 보니 옷을 사 입는 것도 즐겁지 않았다. 천천히 구경하면서 옷을 결정해도 되는데 대충 훑어보고 자리를 뜨기에 바빴다. 그런데 요즘에는 다이어트를 성공적으로 해냈다는 자신감을 가지게 되면서 점원과 농담까지 섞는 여유도 생겼다. 내 몸의 크기보다 작은 옷을 집어도 "아! 역시 무리네요. 살 더 빼야겠네요. 얼마나 더 빼야 할지 모르겠네요."라면서 살을 많이 뺐다는 걸 은근하게 자랑한 적도 있다.

나는 다이어트를 하면서 굉장히 긍정적으로 변화했다. 내 생활이 적극적으로 변했다는 걸 실감한다. 회사생활뿐만 아니라, 운동이나 취미생활, 대인관계, 재테크와 같은 활동을 해보려고 덤비는 내 모습을 자주 목격한다. 희한하게도 내가 하는 일은 다 잘 될 것 같은 긍정적인 에너지가 샘솟고 있음을 느끼기도 한다. 이 감정 덕분에 나에게 항상 좋은 일만 생길 것 같다. 내가 대학 강의를 나가고 회사 일 이외에 외부활동이 늘어나게 된 시점도 체중을 줄이고 자신감이 생겼기 시작했던 때였다.

생활 습관이 곧 다이어트다

다이어트를 성공적으로 이끌었다 해도 시간이 지나면 점점 생활이 느슨해지기 마련이다. 운동도 잘하지 않게 되고 음식도 신경 쓰지 않게 된다. 이러다가는 몸이 다시 예전과 같이 돌아갈 것 같아 걱정스럽다. 정말 허리띠를 풀고 먹으면서 운동을 소홀히 하는 순간 금방 몇 kg은 늘어나 있다. 그럴 때면 식단조절을 하면서 부지런히 운동에 매진하게 된다. '어떻게 뺀 살인데 이러면 안 된다.'라는 생각이 자꾸만 든다.

사람이 몸무게를 유지하고 건강하게 생활한다는 의미가 무얼까. 이는 평소에 좋은 습관을 지니고 있다는 것과 맥을 같이 한다. 나는 다이어트 이후에 좋은 생활 습관을 유지하려고 최선을 다했다. 규칙적인 기상과 취침, 적당한 운동과 식단조절을 지켜나가려고 했지만 나도 사람인지라 완벽하게 실천하지는 못했다. 나는 평소 내 생활이 규칙적이고 절제하는 줄 알았고 체중에도 큰 변화가 없다고 자신했다. 하지만 체중이 조금씩 늘고 있었다. 습관처럼 매일 홀짝홀짝 술을 마시고 있다는 사실을 알아채지 못했다. 이렇게 내가 은연중에 잘못된 습관이 있었기 때문에 살이 다시 차올랐던 것이었다. 그래서 나는 '작심삼일법'을 이용해 나만의 패턴을 찾으려 했다. 이 '작심삼일법' 덕분에 흔들리는 시간이 있긴 해도 정상적인 생활의 범주를 크게 벗어나지 않았다. 다음 날까지 생활에 영향이 있을 만큼 과하게 즐기지 않았고, 먹어도 숨쉬기가 곤란할 때까지 먹지 않았다.

나는 지금도 많이 움직이고 건강한 식사를 하는 데 최선을 다한다. 하루에 최소 한 번은 13층에 있는 사무실까지 걸어서 올라간다. 오후에 집중력이 떨어지거나 졸리면 계단을 이용해 걷는다. 10분도 걸리지 않는 시간이지만 정말 많은 운동이 된다. 평지를 걷는 것보다 수십 배는 더 운동이 된다. 나는 무엇보다도 먹는 걸 잘 조절하려고 한다. 나는 폭식을 하지 않기 위해 아직도 도시락을 준비해 다닌다. 다이어트를 하던 때부터 도시락에 다양한 음식을 싸다니던 습관이 아직도 이어지고 있다. 누가 보면 꼭 소풍 가는 것 같다. 큰 도시락에 다양한 음식을 가지고 다닌다. 닭가슴살, 고구마, 야채샐러드, 구운계란, 과일, 무지방 우유, 견과류와 같은 음식을 도시락으로 준비한다. 이 음식은 점심 한 끼를 위한 음식이 아니라 오전 간식부터 오후 간식까지 포함한 것이다. 폭식을 줄이기 위해 조금씩 먹고 있다.

다이어트로 건강해진 자신을 상상하라

다이어트를 성공적으로 이끈 후 이를 오래 유지하기 위해서는 좋은 습관을 생활에 녹여야 한다. 아무리 다이어트에 성공했다고 하더라도 잘못된 습관이 늘어날수록 체중이 늘어나게 된다. 특별한 운동이나 보양식을 찾기보다는 규칙적인 생활만 해도 체중은 빠지고 건강함을 지킬 수 있다. 평소 올바르고 규칙적인 생활이 건강하게 사는 비결이다. 방탕한 생활은 멀리하라.

독서와 실천이
삶에 가져다준
기적의 선물

Part 5

다섯 번째 경험

책과 담쌓고 살던
옆집 아저씨

독서 모임 회장이 되다

불순한 목적으로
시작하다

　나는 어릴 때부터 책 읽는 행동과는 담을 쌓은 사람이었다. 초등학교 시절에는 학교에서 읽으라고 하는 책이나 몇 권정도 읽었을 뿐이었다. 학교에서 읽으라고 권장하는 도서 이외에는 책을 읽은 적이 거의 없었다. 그래서 나에게는 초등학교 시절에 외삼촌께서 중고서적 한 보따리를 갖다주셔서 다양한 책을 읽었다는 사실과 매월 월간 만화책을 사 봤다는 추억밖엔 없다. 그 덕분에 나는 책을 조금씩 읽기는 했지만 크게 재미를 붙이지는 못했다. 남들처럼 대학입시를 준비해야 한다는 핑계 때문에 책을 읽는다는 것은 남의 일처럼 되어 버렸다.

이게 독서라고 할 수 있나?

나는 대학생이 되면 자연스럽게 많은 책을 읽으며 생활하는 줄 알았다. 그런데 막상 대학을 입학해보니 내가 경험했던 일이라고는 다양하게 노는 것뿐이었다. 대학축제를 즐기면서 낭만을 즐겼고 각종 동아리나 동문회에 열심히 참석하면서 다양한 인맥을 쌓아나갔다. 그리고 시간이 나면 친구들과 만나 운동이나 하며 시간을 보냈다. 결국엔 술로 하루를 마무리하는 날이 대부분이었다. 정말 지치지 않고 대학 생활을 누리고 있었다. 나는 대학 생활을 즐기는 데 시간이 너무 부족했다. 책을 읽는 시간이라고 하면 교수님이 내주시는 과제를 해결할 때뿐이었다. 그 흔한 연애소설조차 제대로 읽은 기억이 없었다. 재미난 사실은 내가 자존심이란 게 있어서 만화책이나 연애소설과 같이 시간이나 보내기 위한 책이나 수준이 낮아 보이는 책은 거들떠보지도 않았다는 것이다.

성인이 되면서 책을 읽게 되면 분량이 많지 않고 쉽게 읽을 수 있는 책을 찾아 읽었다. 텔레비전에서 명언을 투척하며 호감을 끄는 어떤 개그맨의 모습처럼 나도 사람들과 대화할 때 조금이라도 멋있는 모습을 보이려고 그런 부류의 책을 읽기 시작했다. 평소 책은 읽기 싫어하면서 말이라도 번지르르하게 하려고 얕은 지식이라도 얻을 수 있는 책들을 찾아 읽었다. 지인을 만나면 어쭙잖게 대화에 낄 정도로 수준을 유지하려고 신경을 썼고 재밌게 얘기하면서 남들에게 호감을 얻기 위한 책을 읽었을 뿐이었다. 나는 평소 책을 많이 읽으면서 박학다식한 사람처럼 되고 싶어 했다. 해박한 지식을 얘기하더라도 위트와 재치를 섞어가는 사람이 내가 추구하는 바였다. 게다가 얼마나 상대방의 얘기를 잘 들어주는지 참 놀라웠다. 그들이 하는 말 한마디 한마디가 얼마나 멋있고 논리적이었는지 한눈에 반해버렸다.

하지만 내가 실천했던 독서는 이와는 거리가 멀었다. 연륜이 쌓이면서 조금씩 읽는 책도 다양하게 변했고 깊이도 조금씩 더해지고 있다. 독서의 목적도 점점 변해가고 있다.

수준이 비슷해야 한다

나는 하염없이 대학 생활을 즐기면서 첫 여름방학을 맞이했다. 서울로 진학한 친구들이 하나씩 고향으로 내려왔다. 1년도 지나지 않아서 만났는데 모두 많이 변해 있었다. 자신의 학교가 어떤지 무용담도 늘어놓기도 했고 모두 한 학기 동안 일취월장한 자신의 당구 실력을 펼치기 바빴다. 하지만 친구들과 재미난 시간을 보냈음에도 불구하고 이상하게 거리감이 느껴질 때가 있었다.

나는 변함이 없는 것 같은데 친구들은 벌써 의젓한 어른이 된 듯한 느낌을 받았기 때문이었다. 재미나게 대화하다가도 사회적 문제나 심각한 얘기를 할 때면 거의 토론장을 방불케 되는데 모두 망설임 없이 자신의 의견을 유창하게 얘기했다. 학창 시절에 배우지도 않았던 지식도 곧잘 얘기하고 있었다. 친구들은 정말 지성인으로 변했다. 너무 똑똑하게 변해버린 친구들이 너무 어색했고 나는 자괴감까지 느꼈다. '안 본 사이에 왜 이렇게 나와 차이가 나 버렸지?' 내가 세상 물정을 모르는 순수한 사람이 되어버린 것이었다. 왠지 내가 친구들의 수준을 맞추어야 할 것 같았다.

나는 이 친구들이 서울에서 공부하면서 대단한 것을 배우고 있다고 생각했고 지방보다 다양한 경험을 쌓고 있어서 지금의 나와는 비교할 수 없을 정도로 차이가 벌어진 것이라고 확신했다. 따라서 친구들이 서울에서 '직접경험'을 많이 하고 있을 때 나는 지방에서 '간접경험'이라도 많이 해야겠다고 다짐했다. 내가 생각했던 '간접경험'이라는 것은 바로 '독서'였다.

나는 평소에 친구끼리도 서로 비슷해야 오래 볼 수 있다고 생각하고 있었다. 그래서 그 친구들과 비슷한 수준이 되려고 부단히도 애썼다. 나는 항상 "뱁새가 황새를 따라 하다가 큰 발전을 이루었다."라는 말을 자주 한다. 그 친구 녀석들 덕분에 책을 참 많이 봤으니 말이다.

나는 그때부터 뭔가에 얻어맞은 사람처럼 바뀌기 시작했다. 책을 읽는 시간이 상당히 늘었고 다양한 분야의 서적을 읽으려고 시간을 투자했다. 수업 시간에 교수님들이 언급한 책들이 있으면 메모해두었다가 반드시 찾아 읽었다. 무슨 책을 읽을지 고민하기보다는 교수님들이 읽어보라는 책들이 정말 많은 도움이 되었다. 물론 읽을 책을 찾는 시간도 아낄 수 있었다. 책에 대한 많은 관심은 군 생활을 하면서도 이어졌다. 150권이 넘는 책을 읽고 전역했으니 참 대단한 변화였다.

독서를 통해 간접경험을 많이 하라

다양한 경험을 하기 위한 가장 좋은 방법은 '독서'이다. 미처 몰랐던 부분을 새롭게 알게 되면서 깨달음을 얻고 소설의 등장인물이 느끼는 감정을 느껴보기도 한다. 사람들은 시간이 허락된다면 다양한 경험을 하라고 권한다. 이는 '직접경험'에만 국한된 것이 아니라 '간접경험'도 포함한다.

책 읽기가 부담스럽다면 간단하고 얇은 책 읽기를 먼저 시작하라. 차츰 '간접경험'을 늘려라

어떤 목적이든 독서를 해라.
부담없는 책으로 시작해서 경험을 늘려라.

목적이 분명하지 않으면
마지막 장까지 가는 길이 고행일 뿐

어릴 때부터 어른들은 나에게 독서의 중요성을 자주 얘기했다. 나는 왜 책을 읽어야 하는지 몰랐다. 주변에 책을 많이 읽는 친구나 가족이 많아서 이들을 지켜보면 공통점이 하나 있었다. 모두 공부를 참 잘했다는 것이다. 그래서 나는 책을 많이 읽으면 공부를 잘한다는 충분조건을 마음속에 품고 있었다. 그러나 대부분 이 명제가 틀렸다는 것은 너무나도 잘 알고 있을 것이다. 나는 왜 독서를 많이 해야 하는지 곰곰이 생각해본 적이 있었다. 나는 '창조'를 위해 독서하고 배우며 익히고 있다는 사실을 알게 되었다.

히로나카 헤이스케의 《학문의 즐거움》에는 우리가 학문을 계속해야 이유를 '지혜'를 얻기 위해서라고 얘기했다. 학문에는 배우는 일, 생각하는 일, 창조하는 일의 즐거움과 기쁨이 있고 그중 창조하는 인생이야말로 최고의 인생이라고도 했다.

　대학 시절 읽었던 이 책을 회사생활을 할 때 그 의미를 이해할 수 있었다. 보통 대학 졸업 후 입사하는 친구들이 바로 실무에 투입되면 "이론과 실무가 완전히 다르네요. 이걸 어떻게 해요?"라며 난감해하는 모습을 자주 봤다. 나도 처음에는 그랬다. 학교에서 배운 내용이지만 실제 업무를 하는데 정확하게 적용하지 못하는 경우가 잦았다. 그때 나는 문제를 해결하려고 진정한 '학문'을 해야만 했다. 예전에 공부했던 책을 다시 꺼냈고 관련된 서적을 읽으면서 내가 생각지 못했던 새로운 방법을 찾아냈다. 학문과 독서를 통해 '이론과 실무의 차이'를 극복해낸 것이었다. 나는 이론을 가지고 실무에 맞는 새로운 방법을 찾아냈던 이 경험이 바로 《학문의 즐거움》에서 언급하고 있는 '창조'인 것이었다. 나는 어려움이 있을 때마다 이때처럼 책을 찾아 읽고 멋진 방법을 찾곤 한다.

　나는 개인적으로 미흡한 부분이 생겨도 독서를 통해 방법을 찾았다. 예를 들어, 인간관계에 어려움이 있을 때 해결책을 찾거나, 평소 자신감이 자꾸 떨어지는 상황이 발생하면 이를 극복하기 위해 집중적으로 책을 읽어나갔다. 이렇게 하고 나면 내가 무엇을 해야 할지 찾을 수 있었다.

　《학문의 즐거움》은 내가 아끼는 책 중 하나다. 읽은 책을 다시 펼치는 걸 즐기지 않는 내가 여러 번 읽었을 만큼 큰 자극을 주었던 책이다. 나는 이 책을 여러 번 읽으면서 '학문'이라는 용어는 '독서'와

의미를 같이하고 '창조'는 '실천'이라는 말로 대신해도 큰 손색이 없었다.

내가 책을 읽는 이유

내가 독서에 재미를 붙이기 시작하면서 책을 읽는 이유는 점점 변해갔다. 앞에서 말했듯이 학창 시절에는 상대방으로부터 관심을 끌기 위해 가벼운 대화라도 해볼 요량으로 책을 조금씩 접했고 30대에 접어들면서 지식을 많이 쌓고 싶은 욕심이 생겨 다독多讀을 추구했었다. 어느 라디오방송에서 "어렸을 때의 독서는 감동을 위한 것이고, 성인의 독서는 지식습득에 있다."라는 말을 들은 적이 있었는데 나는 이 말에 심하게 꽂혔었다. 그래서 책을 많이 읽기는 했지만 독서를 너무 편식하며 읽었다. 한때는 인문과학과 같은 서적을 많이 읽기 시작했고 소설 분야의 책은 외면했다. 소설은 지식을 늘리기보다는 감동이나 재미를 위한 책이라고 여겼기 때문에 내가 볼 필요를 느끼지 못했다. 또한 직장인이 자투리 시간을 내면서까지 읽을 책으로 소설은 맞지 않다고 생각했던 적도 있었다.

지금 누가 나에게 책을 읽는 목적이 뭐냐고 물으면 나는 거리낌 없이 "실천을 위해서 읽는다."라고 얘기한다. 그래서 나는 40대에 접어든 이후로는 책을 읽고 꼭 한 가지는 실천하려고 했다. 과거에 다이어트, 영어, 재테크도 책을 보면서 실행에 옮겼다. 그리고 몇 년 전부터 나는 부자가 되고 싶어서 그들의 생활방식과 사고방식을 다룬 책을 즐겨 읽는다. 책을 통해 부자들은 좋은 습관이나 루틴을 가지고 있다는 것을 알게 되면서 나도 그들처럼 좋은 행동 습관을 늘려나가고 있다. 나도 건강한 부자가 될 것이라 믿음을 가지게 된 것도 독서를 통해서이다. 책을 읽고 하나씩 실천하는 것이 내가 독서를 하는 이유다.

 책을 읽는 목적을 찾아라. 무엇보다도 책을 읽고 실천하는 모습이 필요하다. 무작정 책을 많이 읽으면 좋다고는 하지만 아무 변화가 없고 읽는 것으로만 끝난다면 다독多讀이 큰 의미가 없다. 책 한 권을 읽더라도 배울 게 있고 실천할 수 있는 것을 찾아야 한다.
 독서의 가장 큰 이유는 실천과 변화에 있다.

책을 읽는 목적을 찾아라. 변화 없는 책읽기는 의미가 없다.
실천할 수 있는 것을 찾아라.

수준 높은 책 읽는 것에
집착하지 마라

나는 성인이 되어 시간이 지날수록 지식습득이라는 목적에 맞춰 독서를 했다. 그 과정에서 내 수준을 고려하지 않고 글씨가 작고 왠지 수준 높아 보이는 책을 읽으려고 고집부렸다. 지금 생각해보면 참 웃기는 일이 아닐 수 없다. 나는 두껍고 작은 글씨로 된 책을 읽어야 진정한 독서라고 여겼고 그런 책을 읽는 사람들이 외관상으로도 멋있어 보였기 때문이었다. 하지만 제대로 끝까지 읽은 책은 손에 꼽힐 정도였다. 결국 중간에 완독을 포기하는 경우가 많았다. 지식습득이란 것이 꼭 어려운 책에 많이 나오는 것이 아닌데, 나는 그때 참 어리석은 생각을 했었다. 이렇게 한다고 해서 박학다식한 사람이 되는 건 아닌데 말이다.

나는 잘못된 독서행태 때문에 큰 배움이나 소득 없이 시간만 낭비하기도 했다. 어느 날, 철학 서적을 참 많이 읽는 선배를 만나면서 우연히 그의 가방에 있던 철학책을 본 적이 있었다. 나는 고민도 없이 그 책을 사러 서점으로 향했다. 그 책은 바로 프랑스 철학자 '미셸 푸코'에 대한 책이었다. 그 책을 읽고 있는 나 자신이 상당히 지적인 캐릭터에 좀 더 다가갈 수 있을 것 같았다. 책이 상당히 두꺼웠고 그것도 두 권으로 구성되어 있었지만 일단 질렀다. 하지만 나는 그 책을 읽는데 너무 힘들었다. 도서관에서 읽다가 잠이 든 적도 많았고 읽어도 진도가 나가지 않는 것이었다. 더 큰 문제는 읽고 난 후에는 어떤 내용을 읽었는지 하나도 기억나지 않았다는 사실이었다. 그냥 까만 글씨만 읽어 내려간 것이나 다름없었다. 이렇게 어려움을 겪고 있는 와중에, 나는 도서관에서 그 선배를 만나게 되었다. 그는 내 자리 위에 놓여있는 문제의 그 책을 보았다. 나도 자신이 읽었던 그 책을 읽고 있다는 걸 알게 된 것이었다.

"그 책 볼 만해?"

"아! 이제 읽어보려고 구했어요."

나는 선배의 질문에 이렇게 대답해야만 했다. 선뜻 그 책을 읽었다고 자신할 수 없었다. 아무 기억이 나지 않았기 때문이었다. 하물며 두 번이나 읽었다고 차마 말할 수 없었다. 나는 이때 스스로 참 민망했다. 그 선배와 대화하는 짧은 시간 동안 얼마나 가슴이 조마조마했는지 몰랐다. 나는 아직도 이 책이 무엇인지 어떤 책이었는지 모른 채 살고 있다. 내 독서 인생에 있어서 가장 큰 오점이나 다름없다.

나는 이 경험을 한 후로는 무조건 어려운 책만 읽으려고 했던 생각이 싹 사라졌다. 쓸데없이 이해하지도 못하는 어려운 책을 구하는 것을 멈췄다. 관심도 없는 분야의 어려운 책을 사본다는 게 정말 시간 낭비였다는 사실을 이때 깨달았다. 나는 불필요하게 책을 사 모으는 행동도 줄어들었다.

나만의 방식으로 시작하다

나는 이 사건이 있기 전까지 남들에게 '나도 이런 책을 읽고 있어!'라는 식으로 보여주기 위해 책을 잡았을 뿐 실질적인 독서를 하지 않고 있었다. 혹시라도 난이도 있는 책을 읽고 싶을 때는 가능하면 쉬운 책을 찾았다. 그중 내가 썼던 방법은 바로 만화책을 이용하는 것이었다. 만화책은 아이들이 읽는 책이라 생각했지만, 관심을 가지니 상당히 다양한 책들이 만화로 발행되고 있음을 알 수 있었다. 나는 과거 정신분석학의 '프로이트'를 만화책으로 읽었다. 만화책으로 프로이트를 몇 번 읽은 후에 《정신분석입문》이나 《꿈의 해석》을 읽으면서 내용을 쉽게 이해할 수 있었다. 요즘 나는 역사와 관련된 만화책을 자주 보고 있다. 요즘 만화책이 얼마나 재밌고 수준 높은지 깜짝 놀란다. 학교 다닐 때 큰 관심 없었던 역사를 지금에서야 재미를 붙이고 있다. 만화책이 내게 독서의 재미를 느끼게 만들어 주었다.

독서는 쉽게 접근하고 쉽게 익힐 수 있으면 그만인 것을 왜 그렇게 어려운 책을 고집했는지 의아하다.

　난이도를 생각하지 말고 편하게 읽을 수 있는 책을 가까이하라. 책이 어렵다고 배울 점이 많고, 쉽다고 가벼운 것만 얻는 건 아니다. 남들에게 보여주기 위한 쇼를 멈춰야 한다. 우리는 실질적인 독서가 필요하다. 책을 읽은 후에는 자기 것으로 만들 수 있어야 한다. 어려운 책을 고집하지 말고 자신에게 맞는 책을 읽고 얻는 게 있으면 그만이다.

　지나친 욕심을 버려야 한다. 쉽고 재미난 책을 먼저 잡아라.

어려운 책을 읽는다고 수준이 높아지는 것은 아니다.
자신의 수준에 맞는 책을 골라라. 그래야 지속할 수 있다.

다독의 스트레스에서
벗어나라

나는 어려운 책을 읽으려고 덤빈 것도 참 한심한 노릇이었는데 여기에 더해 많은 책을 읽으려고 욕심을 부렸다. 책을 많이 읽는 사람들이 자신들이 읽은 책을 서재에 꽂는 모습을 보고 나 또한 서재에 대한 로망이 있었다. 아마 중년 남성들은 자신만의 방에 큰 책장과 책들이 꽂혀 있는 모습을 한 번쯤은 상상해 봤을 것이다. 나도 30대에 이미 이런 생각을 하고 있었다. 그래서 나는 책을 정말 많이 사 모았다. 매주 한 번씩 신간 서적에 대한 소개를 신문에서 보게 되면 큰 고민 없이 책을 샀다. 그냥 책 표지나 제목에 꽂혔기 때문이었다. 그리고 나는 누군가와 약속을 정하면 서점에서 만나는 경향이 있었다. 좀 일찍 나가서 책 구경을 하기 위함이었다.

결국 여기서도 책을 뒤적이다가 꼭 책 한두 권을 사서 나왔다. 샀을 때는 언젠가는 읽을 것이라는 합리적 확신을 가졌지만 결국 몇 페

바쁜 시간을 쪼개가며 자투리 시간에 읽었던 책들은
정말 오랫동안 기억에 남는다.
책 읽는 습관은 누구나 가질 수 있다.
매일 같은 시간에 20분 만이라도 읽으면 성공이다.

이지를 읽지도 않은 채 책장에 꽂아두는 경우가 허다했다. 하나씩 사 모은 책들을 보고 있노라면 참 뿌듯했다. 나는 "읽지도 않을 책을 자꾸 사 모으기만 한다"면서 아버지에게 자주 핀잔을 들을 정도에 이르렀다. 당시에는 참 섭섭한 마음이 들었다. 나쁜 짓 하는 것도 아니고 책 사는데 투자를 하겠다는데 핀잔을 들었으니 말이다. 하지만 이에 아랑곳하지 않고 나는 다양한 방법으로 책을 많이 사 모았다.

주변에 책을 많이 읽는 사람들을 지켜보면, 자신들이 책을 많이 읽어야겠다고 사 모으면서 시작하는 사람은 아무도 없었다. 정말 관심이 크고 꼭 읽을 책만 사서 읽고 있었다. 나는 미처 이 사실을 모르고 있었다. 의욕 넘치게 열심히 사 모으면 언젠가는 모두 읽을 것이라 자신했던 내가 부끄러웠던 적도 있었다. 게다가 돈과 시간을 너무 낭비했다.

자주 접해라

책을 많이 읽는 지인들은 하나같이 책 읽기를 생활화해야 하는 사람들이다. 즉, 그들은 나처럼 많이 읽어야겠다고 강박관념에 시달리기보다는 항상 자투리 시간을 이용하면서 책을 읽는 사람들이라는 것이다. 반드시 많은 시간을 할애해서 책을 읽는 사람들이 아니었다. 나보다도 수십 배는 더 바쁜 사람들임에도 더 많은 책을 읽고 있었다.

이 사람들을 지켜보면서 나는 "수불석권手不釋卷"이라는 말의 의미를 다시 한 번 생각해봤다. 알다시피 "수불석권"이라는 말은 손에서 책을 놓지 아니하고는 늘 글을 읽는다는 뜻이다. 내가 처음 이 말을 배울 때는 다독多讀을 하라는 얘기로만 받아들였다. 그런데 현재 우리의 삶에 적용해보자면, 우리는 일을 하는 사람이고 일하는 시간 이외의 자투리 시간에 책을 읽는 게 바로 '수불석권'의 삶인 것이다. 이는 곧 '독서의 습관화'라고 할 수 있다.

책을 읽을 때마다 느끼지만 바쁜 시간을 쪼개가며 자투리 시간에 읽었던 책들은 정말 오랫동안 기억에 남는다. 내가 책을 잘 읽지 않던 고등학교 시절, 등교하기 전 20분간 읽었던 펄벅의 《대지》나 스탕달의 《적과 흑》의 내용을 다른 책보다 더 잘 기억하고 있다. 30여 년이 지났지만 다른 어떤 책보다 더 생생하게 기억하고 있는 이유는 내가 자투리 시간을 굉장히 아껴 썼기 때문이 아닐까 한다. 오히려 짧은 시간 동안 정해진 분량을 집중하며 읽었기 때문에 기억에 오래 남아있는 것이다. 시간이 많다고 책을 많이 읽는 건 아니다.

내가 요즘 책을 읽는 방식이 있다. 매일 읽을 책을 얼마나 읽을지 표시한다. 하루에 30페이지가 되었든, 50페이지가 되었든 매일 조금이라도 읽을 분량을 정해놓고 읽으려는 나만의 방법이다. 나는 다이어리에 주간 일정을 펼치고 매주 일요일에 월요일부터 토요일까지 할 주요 업무를 간략하게 쓰도록 공란을 마련해두었는데 그 마지막 공란에는 항상 책 제목과 함께 '독서 분량'을 적는다. '삼국지 50페이지 읽기'

이런 식으로 말이다. 결국 나는 일주일 동안 매일 해야 할 일이 바로 독서가 되는 셈이다. 책을 읽었으면 당당하게 형광펜으로 표시한다.

이러면서 나는 책을 자주 접하고 있고 40세가 훌쩍 넘은 나이에 "수불석권"의 삶을 실현하려고 부단히 애쓰고 있다. 그래서 평소 큰 가방에 책을 여러 권 지니고 다닌다. 상황에 따라 읽는 책이 달라질 수도 있어서 여러 권을 넣어둔다. 심지어는 회사일 뿐만 아니라 개인적인 약속이 있더라도 가방에 책을 넣어 다닌다. 이렇게 하면 매일 계획했던 분량을 끝낼 수 있다. 생각보다 빨리 한 권을 읽을 수 있다. 이제 나도 '독서의 생활화'를 이루고 있다는 사실이 무척 뿌듯하다.

독서를 생활화하여야 한다. 책을 많이 읽겠다는 기준은 사람마다 다르다. 얼마나 많이 읽어야 하는지 정답은 없다. 이보다 중요한 것은 많이 읽겠다는 마음가짐보다 책 읽는 습관을 만드는 것이다. 다독에 지나치게 스트레스를 받을 필요는 없다. 평소 분량을 정해놓고 그것을 지키려고만 해도 생각보다 빠르게 완독할 수 있다. 긴 시간을 확보하는 게 중요한 게 아니라 수시로 책을 펼치는 데 주안점을 둬라.

책 읽는 습관은 누구나 가질 수 있다. 매일 같은 시간에 20분 만이라도 읽으면 성공이다.

대충 읽기란 있을 수 없다

매일 독서를 계획했고 짧은 시간이라도 할애해서 책을 읽음으로써 습관이 되었다. 하지만 실천을 위해 독서를 즐기는 나에게는 만족스럽지 못한 경우가 잦았다.

읽는 동안에는 크게 감동도 하고 저자처럼 따라 해봐야겠다고 다짐해보지만 끝까지 읽은 후에는 그 내용이 무엇이었는지 생각나지 않았기 때문이었다. 그래서 무엇을 실천해야 하는지, 나에게 어떤 도움이 되는지 다시 읽었던 적이 한두 번이 아니었다. '1독서 1실천'이라는 나의 다짐이 잘 지켜지지 않았기 때문에 고민이 시작되었다.

독서 효과는 기록에서부터

나의 고민을 해결할 방법은 바로 '기록'이었다. 나는 책을 읽은 후에는 책에 관한 사항을 기록으로 남겼다. 평소에 미래 계획, 세부 일정, 가계부는 자주 기록을 하면서 제대로 효과를 보고 있었지만, 독서 후에 기록을 남기겠다는 생각은 해본 적이 없었다. 그런데 어떤 방법으로 기록하고 나중에 내가 필요한 부분을 어떻게 찾아야 할지 생각이 많아졌다.

책을 읽은 후 처음으로 도전한 것이 독서일지였다. 나는 노트에 제목을 적어가며 책에 나오는 중요한 문구나 요점을 옮겨 적는 게 전부였다. 그러다 보면 300페이지의 책은 50페이지 가까운 독서일지가 되어 있었다. 나도 모르게 '피식'하고 웃음이 나왔다. 분량이 너무 많아서 어이가 없었기 때문이었다. 누가 보면, 새롭게 책 한 권을 쓴 듯한 느낌을 가질 수 있을 정도였다. 이 과정에서 상당히 많은 시간이 소요되었고 이게 과연 맞는 방법인가 하는 의문이 들긴 했지만 '뭐라도 도움이 되겠지.' 하는 생각에 무작정 기록하고 정리했다. 하지만 나는 이 방법이 옳다고 확신하지 못했다. 그러면서 더 효율적인 나만의 방법을 찾으려고 글쓰기와 관련된 책을 찾아보기도 했다.

나는 우연히 박상배 강사의《인생의 차이를 만드는 기적 본깨적》이라는 책을 통해 어떻게 기록할지 기본적인 방향을 잡았다.《본깨

적》이란 책에서 본 것, 책을 읽으며 깨달은 것, 내가 삶에 적용할 것을 의미하는데 이 내용으로 구성해 독서일지를 적는 것이었다.

이 책에서 얘기하는 대로 책의 문구를 선별해서 해당 페이지와 함께 적었다. 그러고는 책을 보면서 깨닫고 느낀 것을 페이지 절반 정도로 썼다. 마지막에는 내가 삶에 있어서 적용할 점이 무엇인지 5줄 정도로 적었다. 이 방법을 써도 기존에 내가 기록한 분량이 어마어마했다. 책을 읽으면 모든 부분이 중요하고 감동적이면서 멋진 문구라는 느낌을 받았다. 그래서 옮겨 적은 양이 너무 많아져 버렸던 것이었다. 이제는 책의 3% 분량을 넘지 않으려고 했다. 만약에 300페이지의 책을 읽으면 아무리 많아도 9페이지를 넘기지 않는 것이었다. 필요할 때는 그림이나 표를 그리기도 했다. 굳이 형식에 얽매이지 않고 내가 쉽게 알아볼 수 있으면 그만이었다.

이렇게 만든 독서일지는 바인더에 꽂아 정리했다. 나는 가끔 정리된 독서일지를 찾아볼 때가 있다. 내용 중에 '삶에 적용할 것'을 읽으면서 얼마나 달라졌는지 확인하기도 하고 책 내용을 다시 읽고 싶으면 요약한 내용을 다시 들여다보기도 했다. 요약된 내용을 보면서 어떨 때는 책을 또 읽어보고 싶은 충동을 느끼기도 했다. 그래서 책을 다시 펼치는 경우도 종종 있다. 기록한 독서일지를 완성하면 그냥 꽂아두는 것으로 끝내지 않았다. 그 내용을 보면서 실천이 잘되어 가고 있는지 확인도 가능하고, 책 읽었을 당시의 느낌이 나중에는 달리 느껴질 때도 있다. 삶에 적용할 실천사항도 변경하기도 했다.

디지털로 전환하다

책을 읽으면서 독서일지를 쓰고 있지만 몇 년 전부터는 블로그도 활용하기 시작했다. 디지털기기를 사용하는데 그렇게 친화적이지 않아서 컴퓨터로 뭔가를 기록하는 게 아직도 많이 어색하다. 처음에는 블로그를 어떻게 시작할지 몰라서 며칠을 블로그를 들락날락하면서 열심히 꾸미고 구성을 잡았다. 다른 사람들은 어떻게 쓰고 있는지 벤치마킹도 자주 했다. 하지만 내 블로그의 글을 누군가가 읽고 있다는 게 부끄러워 선뜻 시작하지 못했다. 블로그를 시작한 지 채 2년이 되지 않았지만, 독서일지와는 또 다른 매력을 느끼고 있다.

독서일지는 책을 읽으면서 내용을 쓰고 느끼고 실천할 사항을 기록해나가는 과정이어서 내가 알아볼 수 있을 정도로 기록해두지만, 블로그는 다른 사람들도 보는 것인 만큼 최대한 시각적 효과를 활용해야 했다. 즉, 다른 사람들이 관심을 가질 수 있도록 최대한 예쁘게 구성하면서 내용도 읽기 좋도록 신경 써야만 했다. 또 독서일지는 책을 읽으면서 동시 작업을 하는 편이었지만, 블로그는 독서일지를 쓴 내용을 보면서 내 느낌을 다시 정리해나갔다.

나는 블로그의 장점이 크다고 생각했다. 나와 똑같은 책을 읽은 다른 사람들이 쓴 내용을 보면서 내 생각과 자주 비교했다. 그들을 보고 있노라면, 나와 완전히 다른 관점에서 글을 해석하는 걸 자주 접할 수 있었다. 꼭 독서 모임을 할 때처럼 상대방의 관점을 이해할 수 있는 계기가 되었다.

블로그를 작성할 때 독서일지를 쓸 때와는 다르게 표현했다. 블로그에는 몇 페이지에 어떤 말이 나오는지 시시콜콜 쓰지 않고 커다랗게 키워드에만 몇 페이지에 이런 말이 있다는 정도만 삽입했다. 그러고는 줄을 맞춰 간략하게 써나갔다. 예를 들면, 네 줄이 한 단락이 되도록 하고 일곱 단락을 일목요연하게 써나가는 식으로 썼다. 이렇게 쓰는 게 생각보다 많은 시간이 걸리고 더 어렵다. 미리 작성한 독서일지를 가지고 키워드나 중요내용을 블로그에 옮겨 간략하게 나타내는 '리뷰쓰기'가 아직도 서툴다.

지금은 책을 읽은 내용을 블로그에 올리고 있지만 나중에는 나의 다양한 경험과 지식을 올리려고 계획하고 있다. 많은 사람에게 선한 영향력을 전하고 싶기 때문이다.

독서를 끝내면 무조건 기록으로 남겨라. 책을 읽은 후 본인의 생각을 기록하는 게 생각보다 쉽지 않다. 어떤 방법이든 상관없다. 자신만의 느낌만 써도 좋고 자세하게 책의 내용을 장황하게 기록해도 괜찮다. 기록으로 남겨두는 이유는 책의 내용을 온전히 나의 것으로 만들기 위함이다. 기록하면 이루어지는 경험이 독서에도 통한다.

책을 읽고 무엇을 실천할지 기록해라. 그러면 이루어진다.

여럿이 있을 때
효과가 크다

나는 영어 실력을 올리거나 다이어트를 할 때 같은 목적을 가진 사람들과 함께 모임을 만들어 활동하면서 긍정적인 효과를 거두었다. 이에 못지않게 독서 모임도 효과가 크다고 믿고 있다. 책을 혼자 읽으면 되지, 굳이 모여서 얘기해야 하느냐, 서로 처음 보는 사람들 앞에서 민망해서 싫다고 얘기하는 사람이 꽤 많다. 하지만 나는 독서 모임의 효과를 긍정적으로 보고 있다.

집단지성의 힘을 발휘하다

나에게 독서 모임을 참여하려고 하는 이유를 꼽으라고 하면, 첫 번째로 상대방의 의견을 경청하면서 열린 마음을 가질 수 있다는 것이다. 그러면서 내 생각의 폭을 넓힐 수 있다. 모임에 참가하면서 사람들은 같은 책을 읽고 오지만 다양한 생각과 느낀 점을 발표한다. '오! 이렇게 생각할 수도 있겠구나!'라며 나와 전혀 다르게 생각하는 사람들의 의견을 귀담아듣게 되고 독서 모임을 참여하면 자신의 사고가 평소보다 더 유연해지고 있음을 느낀다.

두 번째로는 독서량이 늘어난다는 것이다. 참가하는 사람들은 반강제적으로도 책을 읽게 된다. 그래서 내가 전혀 관심 없는 분야의 책도 마지못해 읽는 경우가 있어서 책을 대하는 데 편식을 줄일 수 있어 좋다. 설령, 내가 관심이 없는 분야의 책을 읽어도 그 내용을 다른 사람과 공유해야 한다는 부담감 때문에 대충 읽는 법이 없다. 오시는 분들 책을 보면 정말 다양한 방법으로 책을 독파해서 오시는 분들이 꽤 많은 걸 보면 긴장감과 부담감이 엄습하기도 한다. 어떤 분들은 책에 형형색색 책갈피로 끼워졌거나 접혀 있었고 본인들이 중요하다고 여기는 부분에는 형광펜으로 표시되었으며 이도 부족해 메모지를 붙이면서까지 꼼꼼하게 읽은 티가 많이 난다. 또 어떤 분은 노트에 내용을 정리해서 오기도 한다. 모두 정말 진지하게 참여하고 있음을 간파할 수 있다. 마치 고시생이 책을 씹어 먹을 정도로 심도 있게 파고드는 열정적인 모습이다.

나는 시간이 잘 맞지 않아 오프라인보다 온라인 독서 모임을 참여한다. 내가 참여하는 온라인 독서 모임은 일명 '부자가 되는 모임'이다. 우리는 매주 부Wealth와 관련된 책들을 선정해 읽는다. 읽은 책은 반드시 블로그에 올려 숙제를 끝내고 단체 채팅방에서 대화를 나누게 되는데 책과 관련된 얘기뿐만 아니라 정말 다양한 얘기가 오고 간다. 모임이 부자가 되기에 초점이 맞춰져 있다 보니 이와 관련된 내용은 무엇이든 얘기한다. 우리가 알고 있는 큰 부자들은 어떤 사고방식과 습관이 있는지, 투자는 어떤 방식으로 했는지는 기본이다. 그리고 경제 상황이나 자신들의 관심 분야에 대한 의견뿐만 아니라, 현재 경제상황이나 투자방향에 대해서도 서로 의견을 교환한다. 그냥 '부wealth'에 관한 모든 것들을 총망라해서 얘기한다. 그러면서 마지막에는 경제적 부를 이루기 위해 도움이 될 만한 책을 별도로 추천한다. 실제로 투자하면서 힘을 북돋아 주거나 조언을 받기도 한다.

이 모임의 특징은 어떤 책을 읽고 어떻게 실천했는지 경험을 공유하고 대화를 나누는 게 핵심이다. 나는 이 모임을 통해 참 자극을 많이 받는다.

나에게 맞는 옷을 입어라

자신에게 맞는 독서 모임이라도 도움이 되지 않는 경우도 가끔 있다. 나는 수 년 전 인연이 있던 지인의 소개로 독서 모임을 참여한 적이 있었다. 책을 좋아하는 젊은 사람들을 참여시키려고 한다는 얘기에 기쁜 마음으로 모임에 참여했었다. 그 모임은 기업체 대표, 중견기업 간부, 교수들로 구성되어 있었고 나보다 평균 열 살 이상은 많았다. 그때는 내가 나이도 어렸고 사회적 영향력이 있는 어른들과 독서모임을 하면 내가 배울 점이 많을 것 같았다. 그래서 흔쾌히 참여를 결정했었다. 게다가 매주 읽는 책은 내가 평소 관심이 많던 인문학이었기 때문에 큰 거리낌도 없었다.

하지만 모임을 몇 개월 참여하면서 그 성격이 내가 생각했던 방향과 다소 거리가 있다는 걸 느끼게 되었다. 나는 모두 대등한 입장에서 상대의 얘기를 잘 들어주고 본인의 생각을 마음껏 표현하는 자리라 생각하며 모임에 참석했다. 그런데 참여하는 인원들 모두 사회적지위가 있고 연배도 너무 많다 보니 나를 자신들의 막냇동생, 제자, 부하 직원처럼 대하고 있었다. 어렸던 나를 얼마나 아끼셨는지 책과는 상관없는 덕담이나 조언을 많이 해주셨다. 항상 마지막은 젊을 때책을 많이 읽어야 한다는 말로 끝났다. 그리고 본인들이 책을 많이 읽고 있다는 걸 항상 자랑삼아 얘기했다.

나는 모임을 나가면서 나이 때문인지, 분위기 때문인지 몰라도 주눅이 들어 있었던 것은 사실이었다. 모두 배울 점이 많은 훌륭한 사람들이었지만 나와는 잘 맞지 않았다. 결국 나는 몇 개월 후에 그 모임에서 탈퇴해버렸다.

커뮤니티를 이용하면 더 큰 시너지가 발휘된다. 독서 모임에서 정말 배우는 게 많다. 책을 더 많이 읽을 수 있는 환경이 조성되고 상대방에 대한 열린 마음도 가지게 된다. 무엇보다도 경청하는 자세를 제대로 배우게 된다. 이처럼 여럿이 하게 되면 혼자 할 때보다 큰 효과를 누릴 수 있다. 독서 습관을 만들려는 사람에겐 더할 나위 없이 좋다.

자신에게 맞는 독서 모임을 찾아라. 그러면서 집단지성의 힘을 느껴라.

재테크,
해보지 않은 사람은
알 수 없는 돈의 맛

Part 6

여섯 번째 경험

월급만이 전부였던 가장,
주말마다 가족과 취미를 즐기는

부자아빠 되다

미래를 설계하는 것도
재테크다

나는 회사를 위해 밤늦게까지 일하는 게 당연하게 받아들이면서 참 열심히도 일했다. 성과도 괜찮았고 나를 믿어주는 사람도 많긴 했지만 정말 밤과 낮이 없을 정도로 일해야 했고, 심지어 주말도 반납해야만 했다. 결국 나는 야근을 하다가 갑자기 쓰러져 응급실에 가는 신세가 되었다. 다행히도 몸에 이상이 없다는 진단을 받아들고 새벽두 시가 되어서야 귀가할 수 있었다. 하지만 나와 통화를 하지 못해 걱정하던 아내의 얼굴이 아직도 선명하다. 돌이켜보면 나는 평소 회사생활을 열심히만 했을 뿐 내 미래를 구체적으로 생각해본 적 없었다. 과거 의도치 않은 해고의 아픔을 두 번 다시 겪지 않으려고 발버둥을 치며 살다 보니 너무 과로했던 것이었다.

미래를 위한 변화가 필요하다

몇 개월 후, 나는 고민 끝에 그 안정적인 회사를 그만둬버렸다. 나는 이제 매일 늦게 퇴근하고 주말도 없이 일하는 생활을 해나갈 자신이 없었기 때문이었다. 계속되는 야근이 두렵기도 했다. 또 쓰러지지 않는다는 법이 없으니까. 내가 회사에서 충성을 다 한다고 해서 무엇이 달라지는지, 나에게 어떤 가치가 생기는지 의문이 들었다. '이렇게 미친 듯이 일을 하고 있는데 회사가 나의 노후를 책임져줄까?' '내가 무엇을 제대로 할 수 있는 게 뭐지?'

결국 나는 고민 끝에 지금의 회사로 이직하게 되었다. 내가 할 수 있는 게 이것이 전부였다. 마음은 내가 정말 잘할 수 있는 일을 찾아 사업이나 창업을 시도하고 싶었지만 나는 어떠한 준비도 되어 있지 않았다. 나는 다른 회사로 옮기는 방법밖에 없었다는 게 쓸쓸했다. 사실 이때 기분이 썩 좋지 않았다. 도대체 나는 이 나이 먹도록 무엇을 했는지.

이제는 퇴직 후의 삶을 준비할 수 있는 회사로 옮기려고 준비했다. 급여나 복리후생보다 내 개인적인 시간을 많이 가질 수 있는 회사를 원했다. 결국 지금의 회사로 옮기게 되었다. 회사는 모든 조건이 이전보다 좋지는 않았지만 일의 강도만 조절한다면 얼마든지 '일과 삶의 균형'을 찾을 수 있었다. 가끔 바쁠 때도 있지만 근무시간 내에 일을 끝내고 퇴근 후에는 나를 위한 시간을 가질 수 있었다. 덕분에 미래를 준비할 시간을 가질 수 있었다.

요즘 많이 쓰는 말로 '현타'를 맞이하게 된 것이었다. '현타'라는 말은 '현실자각타임'의 줄임말인데 자신이 처한 상황을 깨닫게 되는 시간을 의미한다. 나는 회사에서 쓰러지면서 '왜 이렇게까지 사는 거지?'라며 '현타'가 왔던 것 같았다. 보통 이런 시간이 찾아오면 정신 바짝 차리고 변화를 위한 노력을 시작한다. '현타'를 통해 미래를 위한 관심을 가지게 된 것은 전화위복이었다. 나는 이때부터 많은 책을 읽으면서 미래에 어떻게 살 것인지 고민하기 시작했다. 은퇴 이후의 삶을 계획하면서 투자도 하나씩 실천했다.

항상 퇴직을 고려하다

나는 미래를 고민하면서 최소 60세에는 기본적인 발판을 만들고자 했다. 그때까지는 내가 하고 싶고 되고 싶은 것을 위해 경험을 쌓고 투자를 해나가는 것이었다. 벌써 40세를 맞이하고 있었기 때문에 빨리 시작하고 변해야 했다. 현재는 월급으로 소득을 얻으면서 만족스러운 삶을 살고 있지만 언젠가는 월급이 없어질 것이기 때문에 다른 소득으로 대체할 수 있도록 준비하는 게 필요했다. 조금 늦은 감이 없지 않지만 40세의 나이가 되어서야 구체적으로 어떻게 미래를 준비할지 계획하기 시작했다. 그러면서 퇴직을 잘 준비하기 위해 평소 지켜나갈 원칙을 만들었다.

첫째, 불필요한 소비를 최소화한다. 벌 수 있을 때 부지런히 모아야 한다. 나는 월급쟁이 생활을 하면서 제대로 된 재테크를 하지 못했지만 절제하는 생활은 잘 지켜가고 있다. 나중에는 이렇게 모은 종잣돈으로 투자를 시작할 수 있었다. 그리고 항상 감당할 수 있는 범위 내에서 지출했다. 지출이 수입보다 커서는 안 된다는 신념을 가지고 있다. 그래서 나는 외식을 한 기억이 별로 없다. 저렴한 비용으로 집에서 풍족하게 먹는 것을 만족하게 생각하는 가족에게 고마울 뿐이다. 누군가는 나를 궁상맞다고 할지 모르겠지만, 다양한 경험을 하면서 즐기고 행복한 시간을 보내고 있다. 우리는 현명하게 지출하고 있기 때문이다.

둘째, 퇴직하는 시점까지 다양한 경험에 투자한다. 나는 지금 하는 일을 내 노후의 밥벌이로 연결할 수 없을까를 고민하고 일정한 수입을 얻을 수 있는 일을 찾아 경험을 시도했다. 내가 대학 강의를 나가는 일이나 세금 신고 시즌이 되면 아르바이트를 하는 일도 미래에 무엇을 할 것인지 찾는 하나의 과정이다. 나는 내가 잘할 수 있는 돈벌이를 찾는 걸 우선으로 한다. 은퇴 후에는 내가 쌓아온 경력에 가치를 더할 수 있는 업業을 가지고 싶어서이다.

셋째, 오래 할 수 있는 취미활동과 좋은 인간관계를 유지한다. 이것이 내가 돈을 모으는 궁극적인 목적이다. 나이가 들어서 누구를 만나더라도 'n분의 일'을 할 수 있어야 한다는 말을 자주 한다. 내 앞가림은 할 수 있어야 취미활동이나 인간관계에 흠이 나지 않기 때문이다.

은퇴 후의 인생에 맞춰 준비하라. 지금은 여유롭게 살고 있지만 은퇴하는 시점에는 어떻게 변할지 모른다. 따라서 미래에 본인이 정말 하고 싶은 일을 찾아서 시간과 열정을 쏟아부어야 한다. 지금부터 자신 있게 할 수 있는 일, 관심 있는 일을 찾아보고 시작해야 한다. 은퇴 후에 자신이 하는 일에 가치를 느끼면서 경제적 부담을 덜 수 있다.

은퇴 시점은 금방 온다. 지금의 상황을 분석하고 은퇴 이후의 여유로운 삶을 계획하라.

은퇴 후의 인생에 맞춰 준비하라.
은퇴 시점은 금방 온다.

재테크 공부, 거창하게 시작하면 거창하게 망한다

은퇴 이후의 삶을 위해 내가 하고 싶은 일을 계획하고 있지만, 재테크를 무시할 순 없다. 나는 재테크도 은퇴 이후의 삶에 초점을 맞추고 있다. 지금 투자한 것들이 나중에는 효과를 볼 수 있을 것이라는 믿음으로 재테크를 실천하는 중이다.

많은 사람들이 재테크를 위해 투자를 해야겠다고 결심하면서도 선뜻 시작하지 못한다. 대부분 "난 돈이 없어서 못 하겠어."라는 이유를 댄다. 보통 큰돈이 있어야 돈을 많이 벌 수 있다고 생각하기 때문에 시작조차 하지 않는다. 돈이 많으면 많을수록 빨리 돈을 마련할 수 있다는 말이 맞을 수도 있겠지만 생각을 조금 바꾸면 좋을 것 같다. 돈이 많은 사람들은 나와 같은 평범한 사람이 투자하는 대상이 다르다는 생각으로 시작해보는 것이다. 돈이 많은 사람은 큰 위험도 감수하면서까지 비싼 물건을 찾으면서 많은 돈을 벌겠지만 평범한 우리는 그보다 저렴한 물건을 찾아 작은 이익이라도 남기면 되는 것이다. 그런 부류의 사람들과 괜히 비교하면서 스트레스를 받을 필요가 없다. 처음부터 너무 큰 욕심을 가지는 걸 자제하고 차근차근 준비하는 게 더 합리적이다.

투기가 아니라 투자를 해야 한다

'투자'와 '투기'라는 말을 들을 때마다 어감이 너무 다르다. 전자는 상당히 합법적이라는 느낌이 들지만, 후자는 그렇지 않다. 가치투자의 고전이라고 할 수 있는 벤저민 그레이엄의 《현명한 투자자》에는 '투자'와 '투기'를 가장 잘 설명하고 있다. "투자는 철저한 분석을 통해 원금의 안전과 충분한 수익을 약속받는 행위이다. 이 요건을 충족하지 못하면 투기이다." 너무 명확한 설명이어서 재테크를 시작할 때마다 이 용어를 항상 마음속에 간직하고 있다. 그리고 투기가 아닌, 투자를 위해서 무엇을 해야 할지 많은 고민도 했다. 그래야만 제대로 이익을 얻을 수 있고 올바른 투자 생활이 가능하기 때문이다.

첫째, 재테크는 공부가 꼭 필수다. 평소 경제신문이나 잡지를 구독하면서 경제상황도 살펴보고 끊임없이 관심을 가진다. 나는 새로운 분야를 시작할 때 관련 서적을 기본적으로 세 권 정도 읽고 실천을 한다. 만약에 실천하면서 막히는 부분이 있으면 다른 서적을 찾아 읽으면서 해결해나간다. 그러면서 더 심도 있게 공부를 반복한다. 부동산 경매를 처음 했을 때나 주식투자를 시작했을 때도 항상 그랬다. 공부하고 분석하면서 수익률을 괜찮게 달성할 수 있었다. 그리고 경매 후에 명도가 뜻대로 움직이지 않을 때 온갖 서적을 뒤지기도 했다.

내가 투자나 경제 상황을 공부하는 이유는 최악의 상황이 왔을 때 잘 대처하기 위해서다. 물론 공부를 통해 많은 이익을 낼 수도 있지만 어려움을 맞았을 때 아는 것이 있어야 슬기롭게 이겨낼 수 있다고 생각한다. 이는 결국 올바른 '투자 마인드'를 가지기 위함이다.

둘째, 아무리 자산증가를 위한 일이라도 과도한 대출은 하지 않는다. 자산 증식을 위해 대출을 통한 레버리지가 도움이 되는 건 사실이긴 하지만 필요한 수준까지만 이용한다. 대부분 사람들이 잘 알고 있는 '자산=부채+자본'이라는 말을 "부채가 커지면 자산이 증가한다."는 사실로만 이해하고 있다. 하지만 '수익실현'이 없는 과도한 부채는 '자본잠식'을 가져온다는 사실을 간과하고 있다. 최종적으로는 현금흐름이 플러스가 되도록 만들어야 한다. 그래서 나는 투자를 하더라도 현금흐름이 플러스가 되는지를 계산해보고 대출금액을 결정한다. 너무 소극적인 게 아니냐고 반문하는 사람도 있겠지만, 나는 한 방에 거창한 투자를 무서워한다. 나는 적은 금액이지만 오랫동안 투자를 지속하고 수익률 올리기를 원한다.

천천히 서둘러라(Festina Lente)

나는 젊은 시절부터 적극적으로 재테크를 하지 못한 게 못내 아쉽다. 나에게 빚도 없었지만 그렇다고 많은 재산도 없었기 때문에 굳이 적극적으로 나서지 않아도 됐다. 젊은 시절에 재테크에 큰 관심이 없던 나는 증권사 직원으로 일하고 있는 선배가 '연금펀드'나 들라고 추천해줬고 바로 가입해서 매월 10만 원 정도만 넣었다. 자동이체로 돈이 빠져나가고 있었기 때문에 별로 신경을 쓰지도 않았다. 대신에 월급이 늘면 돈을 조금씩 보탰다. 그 선배의 조언으로.

나는 일하다가 쓰러진 후에 지금의 회사로 이직하면서 내가 가지고 있는 자산을 정리한 적이 있었다. 내 소득이 달라질 것이기 때문에 지출금액도 조정해야 했다. 이때 내가 가지고 있는 것은 연금상품과 적금밖에 없다는 사실을 알게 되었다. 그리고 이때 놀란 사실이 있었다. 무심코 입금하던 연금펀드가 6년이 지난 시점에 두 배가 되어 있었던 것이었다. 나는 이때부터 생각을 달리했다. 연금상품이라도 적극적으로 운용하기로 했다. 주변의 많은 사람들이 연금에 대해 부정적으로 생각했다. "퇴직할 때가 되어야 돈을 찾을 수 있는데 왜 그렇게 돈을 자꾸 넣냐? 돈이 묶여버리면 아무것도 못 하지 않냐?"는 것이었다. 하지만 나는 생각이 달랐다. 월급쟁이한테는 연금을 잘 활용하는 게 기본이라 생각했고 이것만 잘 해둬 노후의 걱정을 조금 덜 수 있을 것이라 여겼다. 그래서 본격적으로 연금을 이용한 재테크를 시작했다.

회사에서 주는 국민연금과 퇴직연금DC형 이외에도 개인적으로 퇴직연금펀드와 개인형 퇴직연금IRP을 이용했다. 소득이 늘수록 매월 입금하는 금액도 늘렸다. 연금상품을 선택할 때도 신중하게 선택했다. 그리고 쉽게 매도하지 않았다. 손실이 발생해도 대수롭지 않았다. 어차피 매월 일정액을 매입할 것인데 잠시 손실이 나도 괜찮다고 생각했기 때문이다. 그리고 연금펀드가 두 배가 되었던 사실을 상기하면서 손실이 나지 않을 거라는 확신이 있었다. 오랜 시간을 두고 매월 조금씩 돈을 넣으면 결국 그 돈이 눈덩이처럼 불어난다는 '스노우볼 효과'를 아직도 경험하고 있다.

나는 퇴직연금을 투자했을 때와 같은 방법으로 항상 장기적 안목으로 주식이나 금융상품에 투자한다. 내가 목돈이 많지 않아서 그런 이유도 있지만, 신경을 너무 빼앗기는 게 싫었기 때문이었다. 기본적으로 단타로 넣고 빼는 게 오히려 손실위험이 크다는 관념을 가지고 있다. 주식 초보인 나 같은 사람은 피해야 할 행동인 것 같았다. 그래서 회사를 잘 분석해서 매월 같은 날 일정한 금액을 넣었다. 그렇지 않으면 밑 빠진 독에 물 붓는 경우가 되어 버리기 때문이다. 그러면서 돈이 생기면 매수했던 상품에 추가로 투자했다. 소위 대박이 나는 경우는 없었지만, 남들이 손실을 많이 볼 때도 걱정이 될 만한 일은 없었다. 나는 이런 방법으로 제법 돈을 많이 모았다. 이때 모은 목돈으로 몇 년 후 자그마한 땅을 살 때 보탤 수 있었다.

"천천히 서둘러라Festina Lente." 즉 "급할수록 돌아가라."라는 말을 실천하면서 투자수익을 꾸준히 올리고 있다.

큰 투자만을 고집하지 말라. 주변에 부를 이룬 사람들은 꾸준하게 투자 생활을 지속하면서 이익을 창출하고 있다. 때로는 큰 이익을 얻기도 하고 손실을 경험하기도 했다. 하지만 그들은 이 과정에서 오랫동안 투자를 하면서 이익을 낼 방법을 찾으려고 노력한다. 한방에 성과를 낸 사람은 아무도 없었다.

급하게 서두르지 말고 준비하라. 중요한 건 꾸준히 오래가는 것이다.

> 큰 투자만을 고집하지 말라.
> 한방에 성과를 낸 사람은 아무도 없다.

실행이 답이다
결국 안 하더라

나는 재테크에 관심을 가지면서 부동산 투자를 성공적으로 잘 해 내고 싶었다. 그래서 내 다이어리에 인생 계획을 구체적으로 썼다. 내 나이가 얼마가 되었을 때 매월 수익을 얼마나 실현할 것인지 정했고 이를 목표로 열심히 달리기 시작했다.

나는 30대 시절에 적은 돈으로 좋은 투자를 할 수 기회가 있었지 만 놓친 적이 있었다. 내가 부동산에 관심이 없었던 탓에 그 좋은 기 회를 잡지 못했다. 하지만 내가 이때 기회를 잡지 못했던 이유를 '실 행력 부재'라고 생각한다. 그때는 지금보다 투자하기가 훨씬 더 수월 했음에도 결국 망설이다가 좋은 기회를 날려버린 것이었다. 나는 지 금도 이때만 생각하면 너무 아쉽고 내 의지가 약했음을 원망한다. 투 자할 때마다 망설임이 생기면 이때의 경험을 소환한다.

배운 걸 무용지물로 만들 수 없다

부동산 투자를 결심하고 시작한 이상, 예전처럼 나에게 온 기회를 어영부영 놓치고 싶지 않았다. 처음 투자를 위해 발품을 팔았을 때 어떻게 접근해야 할지 몰랐다. 그냥 남들 하듯이 좋은 아파트 선택하고 공인중개사 사무소 찾아가서 하나의 거래를 끝내려고 했다. 그런데 이렇게 지속하면서 과연 내가 투자하는 사람일까 하는 의문이 들었다. '투자를 한다는 사람이 그냥 살기 위해 집을 구하는 사람과는 좀 달라야 하는 건 아닌가?' 물론 조금이라도 비싸게 주고 이익을 얻을 수 있어서 크게 상관없지만 그래도 좀 더 싸게 살 방법을 찾고 싶었다. 뭔가 노력을 하는 자세를 가지고 싶었기 때문이다.

결국 나는 경매에 눈을 돌렸다. 온라인 교육을 통해 민법의 기초부터 경매 실무까지 알려주는 과정을 매일 들었다. 수험을 위한 과정처럼 원리와 기본을 잘 배울 수 있었다. 나는 이 수업을 들으면서 권리분석에 대해서는 정말 완벽하게 할 수 있었고 민법 용어도 꽤 많이 익혔다. 나중에 실전을 뛰면서 알게 된 사실이지만, 이렇게까지 완벽하게 권리분석을 하고 민법을 세세하게 할 필요는 없었다. 어느 정도만 알고 있으면 투자를 시작하면 되는 것이었다. 그래도 나에게는 피가 되고 살이 되는 과정이었다.

기본적인 책을 몇 권 읽고 나면 전문가들이 경매를 성공한 경험을 공유한 책을 많이 읽었다. 자신들이 겪은 어려움을 어떤 방법으로 해결했는지 잘 설명하고 있는데 경매할 때 참고를 많이 했다. 그런데 이런 큰 투자를 내가 과연 잘 할 수 있을지 확신이 들지 않았다. 그래서 오프라인 강의를 수강했다. 경매나 부동산으로 성공한 사람을 두 눈으로 보고 싶었다. 정말 책에서처럼 성공적인 투자가 가능한지 직접 설명을 듣고 싶었기 때문이었다.

강의실에는 나처럼 경매를 도전해보려는 사람들도 가득했다. 경매시장 열기가 뜨겁다고 얘기는 들었는데 그래도 이 정도까지 되리라고는 예상치 못했다. 강사들은 자신의 경험과 이론을 재밌게 쏟아냈고 자신들이 활용했던 자료들을 무료로 제공했다. 부동산으로 성공한 사람들이 진짜 있다는 사실에 나도 부동산 투자를 시작해도 되겠다는 확신이 생겼다. 그리고 경매를 배우러 온 사람들을 보면서 자극되었다. 의욕이 샘솟는 듯했고 내일 당장이라도 임장을 가야 할 것만 같았다.

마지막 수업을 마치고 어느 강사가 강의실을 나가기 전에 했던 말을 나는 잊을 수 없다.

"여기 강의를 들으러 오신 50여 분이 계십니다. 제가 몇 년 동안 만들었던 자료를 그냥 드렸지만 결국 실천하시는 분은 평균 두 명 정도밖에 안 됩니다. 대부분 결국 포기하고 안 하십니다. 제가 드리는 이런 자료가 무슨 소용입니까? 몇 년 후 여기 계신 분들이 다시 이 자리에 모였을 때 정말 큰 차이를 보일 겁니다. 같이 수업을 들었는데 어떤 분은 투자로 성공하고 있고 어떤 분들은 지금이랑 똑같을 겁니다. 꼭 성투(성공적인 투자)하세요."

나는 실천하는 게 망설여질 때마다 그 강사의 마지막 말을 마음속으로 곱씹어본다.

뜻이 있으면 길이 있다

경매에 참여하기 위해 정말 많은 발품을 팔았다. 아니 부동산 매입을 위해 돌아다녔다고 하는 게 맞을 것 같다. 나는 대구에 살고 있었지만, 경북과 경남지역의 아파트까지 눈여겨보고 있었다. 과거 내가 살아본 경험이 있었던 곳이어서 자신감이 있었기 때문이었다.

나는 주중에는 퇴근하자마자 경매 일정과 물건을 확인했다. 마음에 드는 게 보이면 거주환경, 주변 아파트 시세, 학군과 같은 기본 정보를 모았다. 경매에 나온 아파트 주변에 좋은 물건이 있는지도 반드시 확인했다. 경매에 나온 물건을 확인하러 가면서 같이 들러보곤 했다. 혹시라도 급매로 나온 좋은 물건을 찾을 수 있기 때문이다.

주말이 되면 찍어둔 그 물건들을 보러 갔다. 임장을 갈 때마다 나 혼자가 아니라 가족이 총출동했다. 우리 아이들은 어릴 때부터 캠핑을 많이 다녔던 경험이 있어서 드라이브를 너무 즐겼다. 고속도로 휴게소에서 호두과자를 먹는 재미에 오히려 주말을 학수고대하고 있었다. 나는 3개월 동안 주말 내내 정신없이 다녔지만 피곤함도 몰랐다. 가족 여행을 가는 기분도 들었고 내가 매입할 부동산을 찾으러 다니는 기쁨도 컸다.

임장을 가면 내가 조사했던 내용과 실제가 어떻게 차이가 나는지 직접 걸으면서 파악했다. 만약 관리사무소에 직원이 있으면 들어가서 체납세금부터 물으면서 실제 거주하는 사람들에 대한 정보를 물어보기도 했다. 경매가 얼마나 치열한지 직접 가보면 느낄 수 있었다. 관리사무소에서도 좀 귀찮은 듯 얘기하는 경우가 적지 않았기 때문이다. 이 일이 끝나면 주변 공인중개사를 찾아가 시세나 동네 분위기를 물어봤다. 이때 경매에 나온 물건뿐만 아니라, 마음에 두었던 아파트가 있으면 당장이라도 매입할 것처럼 직접 실내를 살피는 일도 서슴지 않았다. 내가 이런 용기가 있을지 생각지도 못했다. 평소 같으며 쑥스러워 주위만 맴돌았다 집에 갔을 것이다.

나는 첫 경매를 참여할 때가 제일 기억에 남는다. 이렇게 부지런히 임장을 다니면서 낙찰을 받을 수 있다는 확신이 생겼고 보증금 마련도 완료했다. 회사에 휴가까지 쓰면서 경매 참여의 의지를 다졌다. 그런데 전날 밤, 잠을 자려고 누웠는데 갑자기 경매하러 가는 게 갑자기 귀찮아졌다. '내가 경매 참여한다고 낙찰을 받을 수 있을까? 낙찰되지도 못할 건데 가면 뭐하나. 괜히 시간 낭비지'라며 부정적인 생각이 나를 지배했다. 경매 당일 아내가 등 떠밀며 "실컷 준비 다 해놓고 왜 갑자기 이러는데?"라며 난리를 쳐서 마지못해 경매장으로 향했다. 이때 경매 교육 때 강사의 마지막 말이 스치듯 지나갔다. "실천하는 사람은 몇 명이 되지 않는다."라는 말을 왜 했는지 그 이유를 알 수 있을 것 같았다. 사람들이 준비하는 과정에서 귀찮아하거나, 부정적인 관념에 사로잡혀서 결국 아무것도 하지 않고 포기해버리는 현실을 얘기했던 것이었다. 시작하지 못하는 이유는 다양하지만 결국 마음가짐의 문제가 제일 크다는 걸 인지하게 되었다.

나는 그날 낙찰을 받지 못했다. 하지만 경매장에 가지 않았더라면 평생 후회할 뻔했다. 나는 직접 현장 분위기를 경험했고, 생전 초면인 할아버지와 뜻하지 않게 지역 부동산 경기를 들을 수 있었다. 다음에 경매를 참여하면 왠지 성공할 수 있을 것 같은 자신감도 많이 생겼다. 역시 시작은 어려운 것이었다. 이 경험을 토대로 두 번째부터는 상당히 수월하게 실천하고 있다.

바로 실천할 수 있도록 흐름을 가져라. 열정이 불타오르고 있을 때 바로 실행에 옮기도록 하라. 시간이 지날수록 열정은 줄어들고 결국 아무것도 하지 않는다. 흐름이 끊기지 않도록 계획한 일정대로 한번에 몰아붙이도록 해라. 그렇지 않으면 긍정이 부정으로 바뀌고 귀찮은 마음이 커진다. 결국 자기합리화로 인해 실컷 준비해놓고선 포기한다. 실패하는 것과 시도하지 않는 것은 전혀 다르다.

실패를 통해 그다음을 기약할 수 있지만, 시도하지 않으면 아무것도 얻는 게 없다.

너무 준비에만 몰두하지 말고 열정이 식기 전에 실행에 옮겨라.

준비를 한 사람들은 많지만 실천하는 사람은 없다.
실패를 두려워하면 기회를 잃는다.

아무나 만나지 마라

나는 큰 금액을 투자할 때 혼자서 한다는 게 무척 무서웠다. 부동산 투자를 하겠다고 덤비긴 했지만, 마지막까지 확신하지 못하는 자신을 볼 때마다 정말 답답했다. 나는 누군가가 나에게 조언이나 큰 도움을 주었으면 좋겠다는 생각을 매번 했었다. 정말로 조금만 나를 도와주면 멋지게 성공적인 투자가 가능할 것 같았다.

내가 투자의 첫발을 성공적으로 디디면서 누군가에게 조언을 얻어 좋은 결과를 얻고 싶다는 생각이 참 이기적이었음을 알게 되었다. 나는 단순하게 조언을 얻고 싶었던 게 아니라 끝까지 관여해서 나를 이끌어주길 바라고 있었기 때문이었다.

이처럼 돈과 관련 있는 부분에 대해서 조언을 받기도, 허심탄회하게 얘기하기도 애매하다. 자칫 잘못하면 오해를 불러일으킬 수 있다.

믿을 사람 찾기가 쉽지 않다

누구나 자신과 뜻을 같이하는 동지를 만나는 걸 학수고대한다. 아무리 오래된 친구라 하더라도 나와 성향이 맞지 않거나 눈살을 찌푸리는 행동을 보게 되면 당장 연이라도 끊고 싶다. 정말 인생을 살면서 진정한 조력자 또는 소울메이트를 만나기가 어렵다. 나는 참 운이 좋은 사람이라는 사실은 틀림없다.

부동산 투자를 처음 시작할 때 진정 도움을 준 친구가 있다. 그 친구의 이름은 재욱이다. 그는 독특한 이력을 가진 고등학교 시절의 친구다. 재욱이는 대학 졸업 후에 대기업에 입사해서 남부럽지 않게 살고 있었다. 그런데 오랜만에 연락했더니 뜬금없이 공무원이 되어 있는 것이 아닌가. 재욱이가 공무원이 된 이후로는 학창 시절처럼 그를 자주 만날 수 있었다. 공무원 생활을 7년 정도 하고 나서는 또 부동산 업자로 변신했다. 이 친구는 대기업에 다니던 시절부터 부동산에 많은 관심을 가졌고 돈을 악착같이 모았다. 당시에 신용카드를 별도로 사용하지 않았던 것으로 기억한다. 그만큼 절약 정신이 생활화되어 있던 친구였다. 대기업을 다니면서 받았던 대부분 소득을 부동산에 투자했었고 결국 다세대주택을 여러 채 거느리고 있는 자산가가 되어 있다. 아울러 얼마 전 공인중개사를 취득하면서 자신이 평소 해오던 일을 계속 넓혀 나가고 있다.

나는 이 친구를 만날 때마다 기분이 좋아진다. 너무나 배울 게 많은 친구이기 때문이다. 넉넉지 않은 살림으로 시작해서 지금까지 이룬 것도 대단하지만 적극적인 태도로 살아가는 그의 모습을 보면 너무 존경스럽다.

그는 목표를 정하면 바로 행동에 옮긴다. 보통 한 달에 한 번 정도 만나는데 그때마다 그 친구는 항상 변화해서 내 앞에 나타났다. 갑자기 그 친구가 회사를 그만뒀을 때, 공인중개사 자격시험에 합격했을 때, 새로운 지역에 성공적인 투자를 마쳤을 때의 상황을 지켜보면서 나는 놀라움을 금치 못했다. 그리고 재욱의 행동을 보면서 참 반성도 많이 했다. '쟤가 이러고 있는데 그동안 난 뭐 하고 있었지?'라면서. 평소 준비한 것을 실천하는 데 있어서 전혀 망설임이 없었다. 게다가 가진 게 많음에도 거만하지 않고 너무 소탈하기도 했다. 만날수록 기분이 좋아지는 친구가 있다는 건 나에게 큰 축복이다.

내가 재테크에 관심을 기울이기 시작한 시점은 재욱으로부터 자극을 받으면서부터였다. 우리는 서로 얼굴을 맞대면 평소의 생활 얘기부터 시작해서 정치나 경제 얘기까지 정말 쓸데없는 잡다한 얘기를 많이 나누는 편이다. 하지만 대부분 이야기는 부동산과 투자에 관한 얘기였다. "무엇이 돈이 될까? 어떻게 하면 가능할까?"라는 내용이 대부분이다. 나는 재욱으로부터 시장 상황, 부동산 실무이야기, 자신의 경험을 들으면서 부동산에 관심을 가질 수 있었다. 실제로 내가 직접 투자할 때마다 이 친구의 얘기들이 많은 도움이 되었고 마침내 나도 몇 건의 부동산 투자를 성공적으로 마무리할 수 있었다. 재욱이는 지금도 나에게 부동산에 대한 경험과 지식을 공유해주고 있다. 그래서 앞으로 더 성공적인 투자를 할 수 있을 것만 같다.

내 중년의 삶에 큰 변화를 준 재욱이에게 항상 감사의 마음을 가지고 있다. 나는 지금도 부동산 투자를 하거나 애로사항이 있으면 재욱이로부터 많은 도움을 받는다. 참 든든하다. 하지만 내 투자가 어떤 어려움이 있는지 시시콜콜 물어보지는 않는다. 일반적인 해답은 책을 통해 찾을 수 있다. 하지만 내가 어떤 마인드를 가지고 부동산 거래에 접근해야 하는지를 생생하게 들을 수 있어서 너무 좋다. 그 친구로부터 너무 많은 도움을 받아서 미안한 감정이 크다. 내가 투자 공부를 게을리하지 않고 경험을 쌓는 이유가 이 친구 때문이기도 하다. 나도 그 친구에게 언젠가는 도움을 주고 싶다.

긍정적 영향을 주는 조력자를 찾아라. 진정한 소울메이트를 찾아야 한다. 만나도 시간이 아까운 사람은 멀리해야 한다. 매번 딴지 거는 사람, 만나면 의욕을 반감시키는 사람보다 긍정적인 힘을 주고 의지를 활활 불태워주는 사람과 가까이해야 한다. 한 사람의 에너지는 다른 사람에게 쉽게 전달되기 마련이다. 따라서 긍정의 에너지를 가진 사람과 적극적으로 교류해야 한다.

내가 누구를 만나느냐에 따라 내 미래가치도 달라진다. 아무나 만나지 마라.

하나씩 실천하면
누구나
할 수 있다

Part 7

일곱 번째 경험

시작을 망설이고
포기했던 생활에서

자심감을 가지다

시각적 효과는
뛰어나다

　나는 원하는 게 있으면 무조건 기록한다. 기록한 만큼 이룰 수 있다는 믿음 때문이다. 다이어리의 맨 앞장에는 나의 꿈 목록과 버킷리스트를 적는다. 정말 생각나는 대로 기록한다. 내가 과거에 해보고 싶었던 것들, 지금까지 살면서 이루지 못한 것들, 죽기 전에 꼭 가보고 싶은 곳들을 총망라한다. 가끔은 이게 가능할까 싶은 내용을 보면서 의아해하기도 하지만 대부분 현실적인 목표로 수렴되고 있다.

　꿈 목록과 버킷리스트가 있다는 의미는 그것을 이루기 위해 집중하고 있다는 말이다. 그 꿈을 이루기 위한 노력을 계속하게 된다.

목표는 작게 쪼개어서 계획한다

내가 정말 원했던 꿈 목록이나 버킷리스트를 기록한 후에는 무엇을 해야 이루어질 수 있을지 고민하게 된다. 그러면서 나만의 세부적인 계획을 세운다. 우선 거시적인 목표를 정한다. 5개년 계획과 연간 계획을 만들어 큰 그림을 본다. 이때 나는 재정 상태, 자기계발, 직업/일로 구분해서 내용을 적는다. 5개년 계획을 만들 때는 5년 단위로 나누어 내가 원하는 목표를 하나의 표에 만든다. 그런 다음에는 5년 동안의 이루어야 할 계획을 위해 매년 계획을 세우면서 세부적인 목표와 실천사항을 기록한다.

예를 들어, 5년마다 순자산 2억 원을 늘리는 계획을 세웠다고 하자. 그러면 내가 5년 안에 2억 원의 순자산을 늘리기 위해 매년 내가 무엇을 해야 할지 고민하게 된다. 본인이 부동산 투자를 하려고 결심했다면, 자신의 자산 상태를 점검하고 자금조달을 어떻게 할 것인지 계획할 것이다. 그러면 지금보다 더 빨리 목표를 달성하려고 다른 소득을 얻으려고 할지도 모른다. 이에 따라 월간, 주간, 일간 계획까지 만든다. 아마 시간 단위까지 쪼개서 실천사항을 정할 수도 있다.

목표를 수시로 점검하고 실천이 잘되고 있는지 확인하고 파악하는 게 핵심이다. 이보다 더 중요한 것은 명확하게 기한을 정하고 그 결과가 어땠는지 피드백을 쓰는 것이다.

이런 방법으로 목표를 세우고 계획을 기록한 지 벌써 5년이 지났다. 5년 동안 버킷리스트나 장기 계획을 쓰고 수정하기를 반복했다. 그러면서 내 꿈을 어떤 방법으로 이룰 것인지 점점 구체화시키고 있다. 이런 과정을 통해 목표를 하나씩 달성하는 내 모습을 볼 수 있었다. 정말 마법 같다는 일이었다. 체중 감량, 목표한 연 소득 달성, 부동산 계약 성공, 대학출강, 계획한 순자산 금액을 달성하면서 기록의 힘이 대단하다는 걸 알게 되었다.

정말 이루고 싶은 큰 목표를 정하고 썼다면 이제 잘게 쪼개어서 계획하는 작업이 필요하다. 작은 단위로 시각화하면 내가 무엇을 해야 할지 잘 보인다.

모든 게 시간 관리를 위한 것이다

내가 시간만 나면 기록하는 행위는 '열심히 하면 된다'에 초점을 맞추는 게 아니라, '달성할 수 있도록 한다'에 있다. 현대경영학의 아버지 피터 드러커는 《자기경영노트》에서 "목표를 달성하는 사람과 그렇지 않은 사람의 차이는 시간 관리에 있다."라고 얘기했다. 시간을 기록, 관리하면서 전체적으로 통합하면 비생산적인 요소를 줄일 수 있고 결국 목표 달성이 가능하다고 했다. 그래서 나는 목표나 계획을 달성하기 위해 기록해두고 세부적으로 실천이 잘 되고 있는지 수시로 점검해나갔다. 이 과정에서 시간을 불필요하게 낭비하는 습관을 제거할 수 있었다. 결국 내가 기록으로 남기는 이유는 시간 관리를 잘하기 위해서이다. 그러면서 내가 목표한 것에 도달할 수 있었다.

목표를 시각화하고 항상 점검하라. 기록을 한다는 말은 추상적인 것을 구체적인 것으로 변화하는 과정이다. 기록을 할 때는 단순한 목표만 쓰는 게 아니라 구체적인 시간까지도 시각화시키고 피드백을 남겨야 한다. 그러면 자신에게 주어진 한정된 시간을 주도적으로 쓸 수 있다. 기록하면 모든 게 이루어진다.

> 목표를 시각화하고 항상 점검하라.
> 기록하면 모든 게 이루어진다.

100%를 위해 계획하기보다
확실한 80%를 위해 시작하라

실천하기 앞서서 계획을 하는 건 상당히 중요하다. 그렇다고 완벽한 계획을 만들려고 매달리는 짓은 어리석다. 나는 성격이 꼼꼼하지 않아서 완벽한 계획을 세우는 걸 어렵게 생각한다. 그래서 큰 목표를 정하고 방향성만은 확실하게 한다. 작은 계획들도 너무 자세하게 계획하지는 않는다. 키워드만이라도 적으면서 어떻게 실천할 것인지에 집중한다. 그러면서 수정, 보완해야 하는 내용이 보이면 하나씩 바꾼다. 완벽한 기록보다 완성도는 떨어지지만 수시로 점검하면서 실천해나가야 한다. 하지만 자신의 계획을 실천하지도 못한 채 포기하는 경향이 많다.

망설이는 이유

계획이 멋져도 쉽게 실천하지 못하는 첫 번째 이유는, '성급함' 때문이다. 내가 처음 투자했을 때 성급함 때문에 이익을 많이 취하지 못한 게 한두 건이 아니다. 재테크를 하면서 내가 소질이 없다고 자책하기만 했다. 외국어를 공부할 때도 빨리 실력이 늘지 않으면 내 머리를 탓했고, 다이어트를 하면서 빨리 체중 감량이 되지 않았을 때는 내가 실천하는 방법이 잘못되었다면서 자꾸 다른 방법을 해보려고 기웃거리기만 했다.

모든 것을 이겨내고 성과를 얻었을 때 느낀 것이 바로 "시간이 해결해준다."였다. 이 말은 시간이 흐르면서 하나의 루틴이 될 때까지 많은 시간이 걸려야 변화가 시작된다는 의미이기도 하다. 재테크를 위해 투자할 때도 마찬가지다. 긴 안목을 가지고 기다리면 수익이 실현된다. 진정한 투자는 기다림이 필요하다.

쉽게 실천하지 못하는 또 다른 이유는 부정적 관념에서 오는 '자기합리화' 때문이다. 결심해오던 것을 실천하려고 하면 '내가 이걸 해봤자 얼마나 달라지겠어?'라는 생각에 빠져버린다. 그래서 완벽한 계획을 세워 놓고도 시간이 지나면서 흐지부지하게 된다. 이런 부정적인 생각은 '귀차니즘'을 불러온다. 나는 처음 경매를 시도했을 때가 생각난다. 만반의 준비를 하고 경매에 참여하기 위해 휴가까지 썼다.

그런데 전날 밤에 잠을 청하는데 '내가 무슨 부귀영화를 누리겠다고 댓바람부터 움직여야 하지? 이 추운 날에'라는 생각이 갑자기 들면서 계획한 대로 행동에 옮기는 게 너무나 귀찮았다. 아내가 강제로 나를 등 떠밀며 독려하지 않았더라면 지금까지도 어영부영하며 제대로 투자 한 번 못해보고 시간만 흘렀을 것이다.

나는 실천이 망설여져 귀찮은 마음이 솟구칠 때마다 밝은 미래를 상상한다. 투자가 망설여지면 투자로 부를 쌓은 내 모습을 그려본다. 외국어 공부가 정말 하기 싫어지면 내가 원어민 수준의 영어로 본사의 높은 자리에 올라가는 상상을 하기도 한다. 만약 다이어트 계획을 실천하기 싫으면 몸짱이 된 모습으로 다른 사람들 앞에 당당하게 서 있을 내 모습을 연상해본다. 해도 그만 안 해도 그만이라는 생각에서 비롯되는 '자기합리화' 때문에 우리는 항상 제자리에 있는 경우가 많다. 제대로 시작하지 못하는 사람들이 가지고 있는 고질병이다. 실패를 한 것과 시작하지 않은 것에 공통점이 있지만, 우리에게 미치는 영향은 전혀 다르다. 전자는 우리가 변할 수 있지만, 후자는 평생 변하지 않는다.

첫발을 떼기만 하면 탄력이 붙는다

시작한 일이 잘 안 풀리면 하는 말이 있다. "조금 더 준비했더라면 더 잘 할 수 있었을 건데"라는 말이다. 만약 100% 준비하고 시작했다면 정말 우리가 생각한 것처럼 일이 잘 풀렸을까? 아니다. 분명 실행하는 과정에서 예기치 않은 어려움을 맞이했을 것이다. 그리고 또다시 준비가 잘되지 않았다고 할 것이다.

완벽하게 준비되었다는 말은 주관적인 느낌일 뿐이다. 세상에 완벽한 건 없다. 과거보다 나은 현재와 미래가 되었다면 그것만으로도 성공적이다. 계획한 것을 시작해야 어떤 어려움이 있는지, 어떻게 헤쳐 나갈지 알 수 있는 것이다. 시작 전부터 너무 계획할 필요는 없는 것이다. 우리에게는 80%의 계획만으로도 충분하다. 오히려 고민하는 시간이 길어질수록 강했던 열의와 확신만 사라질 뿐이다.

완벽하지 않아도 괜찮다. 실천을 위해 첫발을 내디뎌보라. 자꾸 망설여진다면 그 일을 해냄으로써 긍정적으로 변할 자신의 모습을 그려라. 이런 상상만으로도 정말 흥분되는 일이고 한 걸음 더 전진할 수 있었다. 조금 어설퍼도 시작해야 한다. 실패하더라도 다시 도전할 수 있는 여유가 생기는 것이다. 자기계발을 하는 데 큰 위험을 안을 만큼의 것은 절대 없다. 그러니 망설이지 말고 시작하라.

유명한 작가 조지 버나드 쇼가 그의 묘비명에 써 놓았다는 문구를 잊지 마라.

"우물쭈물하다가 내 이렇게 될 줄 알았지!"

자신을 너무
몰아치지 마라

생각만큼 빠르게 결과가 나오지 않아 마음이 자꾸 조급해진다. 우리가 가지고 있는 의욕이 24시간 365일 동안 계속 지펴지는 건 아니다. 시간이 지나면 점점 의지가 약해지고 포기의 국면에 들어서게 된다. 이런 경우 대부분 자신을 채찍질하기 바쁘다. 자신을 혹독하게 다루고 있을 수도 있다. 내가 대입을 준비할 때 정말 자주 들었던 말이 '4당 5락'이다. 4시간 자면 시험에 붙고 5시간 자면 떨어진다는 말이다. 대학에 떨어지지 않으려고 나 자신을 혹독하게 다루었다. 정말 4시간씩 잠을 자면서 공부에 전념해 보지만 며칠을 버티지 못하고 며칠 후에는 더 많은 잠을 자면서 바이오리듬이 엉망으로 변해버렸다. 과학적 근거가 없다는 얘기를 한참 후에 알게 되면서 억울한 마음이 컸지만, 자신을 혹독하게 다루는 것이 긍정적이지 않다는 사실을 몰랐던 게 더 억울했다.

나는 이를 거울삼아 슬럼프가 오거나 힘겨울 때마다 '작심삼일법'을 이용하면서 극복해나갔다. 매일 실천해야 한다는 강박관념에서 벗어나 3일을 실천한 후 1일의 휴식을 부여하는 것이었다. 한 번 실천하지 못했다고 포기하는 것이 아니라 잠시 쉬고 다시 시작한다는 관념을 가졌다. 이를 반복하면 무너짐 없이 지속해나갈 수 있다.

자신을 사랑하는 마음을 가져라

'작심삼일법'을 통해 꾸준히 실천하고 있지만 뭔가 허전했다. 내가 자기계발을 계획하고 실천하는 행동은 자신을 사랑하기 때문에 시작한 것인데 자신을 몰아붙이고 있는 모습이 너무 아이러니했다. 나는 스스로한테 칭찬과 보상을 해주는 경우가 많이 없었다. 원하는 모습으로 변화했을 때 칭찬과 보상해 주었더라면 아마 더 신이 나서 재밌게 목표를 이루었을지도 모른다. 행동에 옮긴 그 시간부터 수시로 보상해 주었다. 완벽한 모습이 될 때까지 기다리지 않았다. 보상에서 제일 중요한 건 타이밍이다. 조금이라도 긍정적인 변화가 포착되었다면 과감히 보상해주었다. 그래서 더 힘차게 의지를 활활 불태우면서 오랫동안 실천해나갈 수 있었다.

나는 내가 목표한 체지방과 체중이 빠진 나의 모습을 보고 양복을 선물했다. 허리가 너무 많이 줄어서 바지가 주먹 세 개가 들어갈 정도로 커져 버렸고 상의 또한 너무 헐거워졌다. 마치 아이가 어른 양복을 입고 있는 모습이었다. 참 볼품없었다. 이런 내 모습을 보고 있으니 뭔가 짠했다. '다이어트를 한다고 참 고생 많았구나!' 그래서 나를 위해 멋진 양복을 샀다. 건강해진 몸으로 딱 맞는 옷을 입으니 확실히 옷맵시가 좋았다. 멋있게 변한 내 모습을 보면서 다이어트를 시작하길 잘했다는 뿌듯함이 컸다.

나는 '다시는 예전과 같은 몸이 되지 않도록 해야지'라며 다짐하면서 이 옷을 자주 걸쳐본다. 과거처럼 몸이 불었는지 확인할 수 있기 때문이다. 큰돈을 들여 나에게 선물한 양복이 무용지물로 변하는 걸 원치 않았다. 그래서 수시로 옷을 입어보면서 내가 살이 다시 쪘는지를 확인한다. 다행히도 옷에 몸이 잘 들어간다.

나는 지금까지도 꾸준히 운동과 식단을 챙기고 있다. 이제는 습관이 되어 힘들지 않다. 운동 실력이 늘거나 건강해지는 몸을 볼 때마다 멋진 옷이나 멋진 장비를 산다. 매일 챙기는 식단을 잘 지켜서 건강지수가 좋아졌을 때는 맛난 음식과 간단한 음주도 즐기고 있다. 가끔 '치팅데이'를 맞이할 기쁨을 주는 것이다. 이런 보상을 받을 때마다 얼마나 기쁘고 행복한지 모른다.

자신을 사랑하는 마음이 변화의 시작이다. 자기계발은 자신을 사랑하는 마음에서 시작한다. 자신을 너무 몰아치면 좋은 성과를 내더라도 오래가지 못한다. 오히려 스트레스만 쌓인다. 결과 못지않게 노력하는 과정도 중요하다. 완벽한 모습이 아니더라도 변화하기 시작한 자신에게 적절한 보상을 해주자. 너무 닦달하지 않아도 된다. 꾸준하게 지켜나가는 것이 중요하다. 자신에게 주는 칭찬과 보상이 이를 가능하게 만들어준다.

잦은 보상은 강력한 동기를 부여한다. 자신에게는 아낌없이 주라.

자신을 사랑하는 마음이 변화의 시작이다.
자기계발은 자신을 사랑하는 마음에서 시작한다.

나에게 맞다면
그게 답이다

　자기계발을 시작할 때 주변으로부터 좋은 이야기를 듣고 싶다. 내가 실천하려고 시도하는 것이 올바른 선택임을 누군가가 얘기해주었으면 한다. 그러면 섣불리 시작하지 못하는 사람들도 확신이 생기고 쉽게 시작한다. 시작을 잘하더라도 중간중간에 힘겨운 상황이 오면 조언이 필요하다. 그래서 나는 책을 읽으면서 좋은 방법이나 팁이 있으면 따라하기도 했다.

　주변에는 우리가 시도하려는 것들을 이미 해본 적이 있는 경험자들로 즐비할 것이다. 시행착오가 있을 때마다 조언을 해줘서 고맙긴 하지만 오히려 사람을 힘 빠지게 하거나 혼돈 속에 밀어 넣는 경우가 생기기도 한다. 그래서 나만의 원칙이나 신념을 반드시 가지고 있어야 한다. 그렇지 않으면 남들의 말 한마디에 갈팡질팡하게 된다.

내 신념을 지키다

내가 제일 먼저 했던 일은 새벽에 일어나는 일이다. 어떤 일이 있어도 새벽에 일어난다. 처음에 새벽 기상을 했던 이유는 육아 때문에 저녁 시간을 마음껏 쓸 수 없었기 때문이었다. 내가 가지고 있던 절박함을 가지고 힘겨움을 희망으로 바꾸기 위해 새벽 시간을 이용해야만 했다. 나는 새벽을 잘 이용하면서 영어 실력을 올렸고 다이어트를 성공적으로 이끌었다. 지금은 테니스를 즐기면서 건강을 지키고 있다. 새벽에 일어나는 습관이 내 인생을 변화시키는 데 큰 역할을 하고 있다.

이런 나를 보고 어떤 사람은 추운 겨울에는 새벽 운동이 몸에 해롭다며 하지 말라고 조언한다. 또 다른 사람은 잠이 부족하면 사람이 오래 살지 못한다면서 새벽에 일어나는 것을 부정적으로 얘기한다. 그들의 말이 맞을 수도 있다. 하지만 나는 새벽에 일어나도 충분한 잠을 자고 있어서 피곤함을 모르고 있고 자신에게 투자하는 그 시간 덕분에 활력 있는 생활을 하고 있다. 그래서 나는 새벽 기상을 포기하지 않는다. 새벽에 일어나면 자신이 원하는 것을 이룰 수 있는 확률이 높아진다는 것이 내가 가지고 있는 첫 번째 신념이다.

보통 외국어 공부나 다이어트를 시작하게 되면 주변의 사람들로부터 그들의 경험을 많이 듣게 된다. 물론 이와 관련된 책을 보면서도 몰랐던 사실을 알게 된다. 이 방법들 덕분에 많은 도움을 받을 수는 있겠지만 우리에게 최적화된 방법은 아니다. 누구에게나 적용되는 절대적인 방법이 아니기 때문이다. 외국어 공부를 하는 데 어떤 사람은 영화를 보면 좋다고 하고, 또 다른 사람은 팝송으로 영어를 끝낼 수 있다고 한다. 또 누군가는 외국인과 무조건 부딪치면 끝이라고도 한다. 하지만 각자의 스타일이나 성향에 따라 공부하는 방법이 다르다. 자신만의 방법을 찾아야 한다. 이 과정에서 분명히 시행착오도 겪는다. 지나치게 남의 조언에 좌지우지하지 않고 자신만의 방법을 찾아나가야 한다는 게 나의 두 번째 신념이다.

40대를 훌쩍 넘긴 나이에 부동산 투자를 시작한다고 했더니 도움이 되는 말을 들어보지 못했다. 대부분 하는 말이 "나이 먹고 욕심 부리지 마라. 지금 이렇게 한다고 부자 안 된다."라는 말이었다. 하지만 그들 자신은 이런 투자를 한 번도 해본 적이 없는 사람들이었다. 오히려 부동산 투자를 오랫동안 크게 하고 있던 친구만이 응원과 조언을 해주었다. 친구 덕분에 나도 투자의 세계에 발을 들여놓게 되었다.

절대 늦을 때는 없다. 의지만 있으면 나이를 개의치 않고 바로 시작해야 한다는 게 나의 세 번째 신념이다.

환경은 자신이 바꾸는 것이다

나는 신념을 가지고 있으면서 변화를 시도하면서 나만의 방법을 찾아가면서 하나씩 이뤄왔다. 우리는 시간이 부족하다 또는 여건이 안된다는 이유로 섣불리 시작하지 못한다. 하지만 절박함을 가지고 접근한다면 충분히 가능한 일이다.

내가 영어를 너무 못해서 회사생활이 상당히 힘들었다. 영어를 하지 못하면서 많은 기회에서 배제되어야 했고 진급도 쉽지 않았다. 오히려 영어 실력이 부족하다는 이유로 부하 직원과 업무를 바꾸는 수모까지 겪어야 했다. 또한 잦은 야근으로 응급실에 실려 간 적도 있었다. 과로뿐만 아니라 살이 너무 많이 쪄서 빨리 몸 관리를 해야 했다. 회사 일을 마치면 어린 두 아이를 돌보는 일을 외면할 수 없었기 때문에 나에게 닥쳐진 문제를 풀어나갈 엄두를 내지 못했다.

내가 평상시 같았으면 자포자기한 채 시간만 보내고 있었을 것이다. 하지만 나는 이 상황을 잘 해냈다. 그 내면에는 '절박함'이 있었기 때문이다. 영어 실력을 올리지 못하면 등 떠밀리듯이 퇴출당했을 것이고 건강을 되찾지 않았더라면 또 쓰러졌거나 평생 병을 달고 살 지경에 이르렀을지도 모른다. 그래서 새벽에 일어나서 마주한 문제를 하나씩 해결해나갔다. 내가 허락된 시간은 이 시간뿐이었기 때문이다. "궁하면 통한다."라는 말을 실천에 옮겼다. 나는 자기계발을 잘 해냈다는 뿌듯함도 크지만 내가 처한 현실을 잘 이겨내면서 포기하지 않았다는 점이 너무 자랑스럽다.

　환경을 탓하지 마라. 뜻이 있는 곳에 길이 있다. 항상 바쁘다, 여유
가 없다는 핑계는 멈추어라. 절박함을 가지고 하나씩 실천하라. 특별
하고 절대적인 방법은 없다. 자신이 처한 환경을 이겨낼 자신만의 방
법을 찾아야 한다.
　자신을 믿고 강력하게 밀어붙여보자.

　환경을 탓하지 마라.
　자신이 처한 환경을 이겨낼 자신만의 방법을 찾아야 한다.

꿈은 크게
실천은 작은 것부터

버킷리스트나 이루고 싶은 꿈이 있는가? 그것을 실현하기 위해 무엇을 하고 있는가? 내가 버킷리스트나 꿈을 기록하기 시작했을 때 정말 내가 꿈꾸고 있는 것들을 이룰 수 있을까 하는 의구심이 컸다. 그런데 이제는 할 수 있을 것이라는 믿음을 가지게 되었다. 목표를 정하고 실천을 하나씩 하면서 반복적으로 작은 성취를 이루었기 때문이다.

나는 곧 50세가 되는 지금까지도 수시로 꿈을 더하고 수정하고 보완하기를 반복하고 있다. 작은 것을 실천하면 또 새로운 과제가 나에게 주어진다. 실천하고 새롭게 계획하는 것을 반복하다 보면 내가 살아 있음을 느낀다.

작은 성공의 기쁨을 누리려면

나는 계획하고 실천하면서 성취의 기쁨을 느끼기 위해 무엇을 해야 할지 고민해본 적이 많다. 우선, 좋은 습관이 있으면 가능하다. 세상에는 지켰으면 좋을 듯한 가치를 지닌 습관이 상당히 많다. 나는 그중에서 새벽 기상이 가장 가치 있는 습관이라 생각한다. 새벽 시간에 무엇을 하는지는 중요하지 않다. 매일 새벽, 정해진 시간에 일어나는 행동 자체가 작은 성공이다. 쉽지 않은 새벽 기상을 하고 있으니 벌써 작은 성공의 경험을 시작한 것이나 다름없다. 새벽에 일어나자마자, 자신이 가치를 느끼는 것들을 찾으면 두 번째 성공의 경험을 이루게 된다.

그리고 선택과 집중을 해야 한다. 정말 중요하게 여기는 목표에 집중하고 실천할 필요가 있다. 큰 목표이냐는 중요하지 않다. 25가지 목표를 정한 후, 중요한 것 5가지와 덜 중요한 것 20가지를 구분했을 때 이들을 어떻게 다루어야만 할지 생각해보자. 일반적으로 우리는 5가지에 집중하고 20가지에 대해서는 틈틈이 노력해서 이루도록 하겠다고 얘기한다. 하지만 우리에게 필요한 자세는 5가지에 집중하고 20가지는 버리는 것이다. 워런 버핏의 일화에 나오는 이 얘기처럼 중요한 목표에 집중해서 성공의 경험을 쌓는 자세가 필요한 것이다. 내가 계획과 실천을 수시로 점검하고 반복하는 이유도 선택과 집중을 위해서이다.

새벽 기상의 습관을 갖고 중요한 목표에 집중하는 태도가 바로 우리가 꾸준히 할 수 있는 작은 실천들이다.

작은 성공을 반복하다

작은 성공을 이룬 경험을 가진 사람일수록 성취동기가 강하다. 작은 성공의 경험이 반복하다 보면 더 큰 목표를 계획하고 더 큰 성공을 얻는다. 처음 5kg을 감량해 본 적이 있는 사람이 한층 더 다이어트를 할 때 성공할 확률이 높고, 외국어 실력을 올려본 경험이 있는 사람이 어떻게 공부를 해야 하는지 그 방법을 터득하게 된다. 이런 과정을 거치면 결국 몸짱이 된다거나 원어민 수준의 언어를 구사하겠다는 큰 꿈이 이루어진다. 재테크를 위해 투자할 때도 마찬가지다. 처음에는 저렴한 부동산을 매입해서 수익 창출의 기쁨을 느꼈다면 나중에 더 성공적인 부동산 투자도 가능하다. 작은 성공의 경험이 자꾸 반복되면 큰 목표에 도달한다. 나는 항상 작더라도 성공의 기쁨을 경험하는 작업을 중요하게 여긴다.

작은 것부터 지켜나가라. 자그마한 실천이 반복되어야 큰 성공이 이루어진다. 새벽에 기상하고 중요한 목표에 집중하는 것이 바로 작은 실천이다. 우리 인생에는 한 방은 없다. 작은 실천을 하면서 준비를 잘한 사람만이 자신의 최종 목표에 다가갈 수 있다. 작은 성공을 위한 경험부터 이루기 위해 집중하라.

평소 작은 경험을 무시하지 마라. 그것들이 모여 그 가치를 더한다.

작은 것부터 지켜나가라.
우리 인생에는 한 방은 없다.

읽는 만큼
볼 수 있다

독서의 중요성은 누구나 알고 있다. 사람마다 읽는 이유도 제각각이다. 내가 책을 읽는 이유는 실천하기 위함이다. 책을 읽으면서 생각할 시간을 갖고 결국엔 새로운 걸 창조하려고 한다. 저자의 경험을 참고해서 나만의 방법으로 탈바꿈해 적용해보기도 하고 인문학 책을 보면서 세상을 사는데 필요한 나만의 신념이나 마인드를 정립하기도 한다. 책을 읽은 후에는 반드시 내가 무엇을 할 수 있을지 고민하고 더 나은 방법을 찾기 위한 노력이 계속된다.

그 방법은 바로 독서일지를 만들고 인터넷 블로그에 내용을 다시 요약하는 것이다. 그래서 나는 독서를 하는데 남들보다 더 많은 시간이 소요된다. 시간 낭비인 것 같지만 절대 그렇지 않다. 책을 읽은 후에 직접 쓰고 정리하는 과정에서 실천 의지를 다질 수 있다. 즉, 이 시간 동안 내가 무엇을 할 수 있을지 되짚어볼 수 있기 때문이다. 그래서 책을 읽는 과정 못지않게 정리하고 점검하는 시간이 중요하다. 결국 나의 모든 행동은 '실천을 위한 독서'를 하기 위함이다.

내 주변에 책을 많이 읽는 사람들을 보면 두 부류로 나누어진다. 한 부류는 읽은 책으로 실천하면서 변화를 시도하는 사람들이고, 또 다른 부류는 책을 많이 읽은 걸 자랑하면서 스스로 남들의 멘토가 되고 싶어 하는 사람들이다. 두 부류 모두 삶을 주도적으로 살려고 하는 공통점이 있긴 하다. 하지만 차이점이 크다. 전자의 사람들은 지나치게 말을 많이 하지 않지만 그들의 행동에서 배우는 게 많고, 후자의 사람들은 자신을 드러내려만 하다 보니 말이 많아서 실수가 잦고 잔소리가 많다.

난 항상 어떤 부류의 사람이 되어야 할지 마음속에 다짐한다. 책을 읽는 것만으로는 절대로 변화가 일어나지 않는다는 사실을 잊어서는 안 된다는 사실과 함께.

읽어서 얻은 지식을 행동으로

나는 부를 쌓아야겠다는 의지가 샘솟았을 때 책의 도움을 많이 받았다. 투자의 기술이나 팁을 주는 책보다 성공한 사람에 관한 얘기를 많이 읽었다. 성공한 사람들의 경험과 사고방식을 아는 게 더 중요하다고 생각했기 때문이다. 그들이 어려운 상황을 맞이하면 어떻게 극복했는지, 평소 어떤 사고방식을 가지면서 살고 있는지를 알아야 나도 그들처럼 될 수 있다고 믿었다. 수많은 책을 읽으면서 그들이 가지고 있는 특성을 익히고 따라 해보려고 했다. 성공한 사람들이 그렇게 된 이유는 분명히 있었다.

첫째, 그들은 독서광이다. 매일 책 읽고 공부하는 시간을 가졌다. 이런 노력 없이 투자나 새로운 사업을 시도하지 않았다. 그들은 항상 책을 읽고 아이디어를 얻어 사업에 접목해나갔다. 나는 책을 읽으면서 풍부한 지식을 얻으면서 새로운 아이디어를 얻는다. 평소 어려운 점이 있으면 책에서 길을 찾고 옳다고 생각하면 바로 실천한다. 성공한 사람들은 책에서 길을 찾는 능력이 탁월하다.

둘째, 좋은 습관을 많이 가지고 있다. 그 많은 좋은 습관 중에서도 새벽 기상을 생활화하고 있었다. 그들은 새벽에 일어나서 정말 다양한 활동을 하고 있었다. 운동, 독서, 명상과 같은 활동을 통해서 영감을 얻고 있었다. 많은 성공한 사람들이 새벽 기상을 실천하고 있다는 사실을 알게 된 후 나도 새벽 기상을 시작했다. 나도 그들처럼 될 수 있을 것 같았다. 책에 나오는 위대한 사람들 덕분에 새벽에 일어났고 긍정적인 변화가 생겼다. 앞으로 더 대단한 변화를 기대하고 있다.

책을 읽고 내 것으로 만들어라. "책을 읽으면 인생이 변한다."라는 명제가 성립되기 위해서는 실천을 해야 한다. 그렇지 않으면 시간 낭비일 뿐이다. 책을 많이 읽는 게 부담된다면 자신의 인생에 큰 영향을 미친 책을 한 권이라도 찾아보자. 힘들 때나 공허함이 있을 때마다 그 책을 반복해 읽으면서 긍정적인 영향을 가질 수 있다. 많은 책을 읽었다고 자랑스러워할 게 아니라 하나라도 실천에 옮길 수 있어야 한다.

책을 읽으면 바로 실행해라.

책을 읽고 내 것으로 만들어라. 그리고 실천해라.
책은 읽지만 실천하는 사람은 적다.

나 혼자만이 아닌, 우리 행복을 위해

　자기계발이라는 말의 사전적 의미는 '자신의 재능이나 기술을 일깨워주는 행동'이다. 하지만 어떤 활동이 필요한 것인지는 모르겠지만 현재보다 나은 미래를 가지기 위한 활동을 자기계발이라고 불러야 할 것이다. 나는 자기계발을 시작했을 때 자신이 잘살기 위해서 행하는 모든 활동이라고만 생각했다. 그러면서 나의 가치는 분명 올라갔다. 외국어를 하면서 내 능력을 조금 더 인정받았고, 다이어트를 하면서 건강을 찾았으며 재테크를 시작하면서 자산도 증식되었다. 이렇게 눈에 보이는 유형적인 가치를 얻었지만, 무형적인 면에서 더 큰 가치와 의미를 찾을 수 있다.

　자기계발을 잘 실천하면서 내 삶의 방식에 큰 영향을 미쳤다. 그래서 자기계발은 생각보다 더 대단한 위력을 가졌다는 걸 실감한다. 내가 어떤 긍정적인 변화가 있었는지 보면 정말 감개무량하다.

　첫 번째, 나는 자신감을 가지게 되었다. 자기계발을 제대로 하기 전까지만 해도 나는 성공 이야기를 가져본 적이 없었고 어떤 일을 시작해도 잘해낼 거라는 확신을 가져본 적이 없었다. 그런데 자기계발을 성공적으로 경험한 이후에는 자신감이 충만하다. 무엇을 하더라도 활기차게 행동하게 된다. 회사생활에서도 다양한 기회를 얻으면서 능력을 발휘하고 있고 개인적으로도 내가 꿈꾸고 있는 미래를 준비하는데 거리낌이 없다.

두 번째, 나는 안정적인 생활이 가능해졌다. 투자나 재테크를 준비하면서 불안하게 여겼던 퇴직 이후의 삶을 조금씩 안정적으로 바꾸고 있다. 부를 축적하겠다는 목표가 아직 진행형이긴 하지만 중년의 삶에 새로운 활력소가 되고 있다. 내가 더 잘할 수 있는 걸 찾았다는 게 얼마나 기쁜 일인지 모른다.

세 번째, 오랫동안 즐길 수 있는 취미생활을 만들었다. 나이가 들수록 즐길 수 있는 취미를 가지는 게 쉽지 않다. 나는 직장생활을 시작할 때부터 오랫동안 할 수 있는 취미를 가지려고 많이 노력했지만 마땅한 것을 찾지 못했다. 40대가 훌쩍 지난 지금에서야 책 읽는 즐 거움을 알게 되었고 운동을 일상화시키면서 상쾌함을 누리고 있다. 나는 이 두 가지의 취미생활이 미래에 내 삶을 즐겁게 만들어줄 것이 라 믿는다.

네 번째는, 가족을 위한 삶을 살게 되었다. 30대 초반 결혼 후 바 쁘다는 핑계로 가정생활에 소홀했다. 육아는 뒷전이었고 아내는 힘 겨운 하루를 보냈었다. 그래서 아내와 다투기 일쑤였고 정말 살아가 는 게 재미가 없었다. 이 시간을 극복하기 위해 나는 변해야 했다. 그 래서 나는 새벽 기상을 하면서 좋은 습관을 하나씩 만들었다. 내가 필요한 것들을 실천하면서 변화하려고 애썼다. 덕분에 힘들고 어려 웠던 시기를 잘 극복했고 지금까지도 충실하게 회사생활을 이어가고 있다. 모든 상황에 안정을 찾으면서 아내와의 관계도 회복되었고 가 족과 보내는 시간도 즐거워졌다.

자기계발을 위한 실천이 지금의 행복한 가정생활을 하는 데 밑거름이 되었다. 자기계발을 하나씩 이루어나가면 가족도 함께 행복해지는 결과를 낳았다. 나는 미래에도 자기계발이 생활의 활력을 가져다주고 가족과의 행복을 오랫동안 이어갈 매개체가 될 것이라 믿는다. 그래서 자기계발은 나이를 불문하고 이어나가야 한다.

자기계발은 혼자만을 위한 것이 아니다. 자기계발을 성공적으로 해내면 본인에게도 유무형의 가치가 생겨서 좋은 일이지만 가족에게 더 긍정적이다. 본인이 자기계발을 통해 안정적인 모습을 보이면 가족에게 선한 영향력을 미치고 행복감이 커진다.

나를 위한 자기계발은 곧 가족의 행복이다.

아주 작은 습관의 기적

초판 1쇄 인쇄 _ 2022년 1월 25일
초판 1쇄 발행 _ 2022년 1월 30일

지은이 _ 김정훈

펴낸곳 _ 바이북스
펴낸이 _ 윤옥초
책임 편집 _ 김태윤
책임 디자인 _ 이민영

ISBN _ 979-11-5877-281-9 03190

등록 _ 2005. 7. 12 | 제 313-2005-000148호

서울시 영등포구 선유로49길 23 아이에스비즈타워2차 1005호
편집 02)333-0812 | **마케팅** 02)333-9918 | **팩스** 02)333-9960
이메일 bybooks85@gmail.com
블로그 https://blog.naver.com/bybooks85

책값은 뒤표지에 있습니다.
책으로 아름다운 세상을 만듭니다. ─ 바이북스

미래를 함께 꿈꿀 작가님의 참신한 아이디어나 원고를 기다립니다.
이메일로 접수한 원고는 검토 후 연락드리겠습니다.